ESTAMOS AQUI PARA QUÊ?

EDITORA EME

Solicite nosso catálogo completo, com mais de 500 títulos, onde você encontra as melhores opções do bom livro espírita: literatura infantojuvenil, contos, obras biográficas e de autoajuda, mensagens espirituais, romances, estudos doutrinários, obras básicas de Allan Kardec, e mais os esclarecedores cursos e estudos para aplicação no centro espírita – iniciação, mediunidade, reuniões mediúnicas, oratória, desobsessão, fluidos e passes.

E caso não encontre os nossos livros na livraria de sua preferência, solicite o endereço de nosso distribuidor mais próximo de você.

Edição e distribuição

EDITORA EME
Avenida Brigadeiro Faria Lima, 1080 – Vila Fátima
CEP 13369-040 – Capivari-SP
Telefones: (19) 3491-7000 | 3491-5449
Vivo (19) 9 9983-2575 | Claro (19) 9 9317-2800
vendas@editoraeme.com.br – www.editoraeme.com.br

@editoraeme /editoraeme editoraemeoficial @EditoraEme

JEAN KULCHESKI

ESTAMOS AQUI PARA QUÊ?

CAPIVARI-SP | 2025

Os direitos autorais desta obra foram cedidos pelo autor para a Editora EME, o que propicia a venda dos livros com preços mais acessíveis e a manutenção de campanhas com preços especiais a Clubes do Livro de todo o Brasil.

A Editora EME mantém o Centro Espírita "Mensagem de Esperança" e patrocina, junto com outras empresas, instituições de atendimento social de Capivari-SP.

6ª reimpressão - abril/2025 - de 6.001 a 6.500 exemplares

CAPA E DIAGRAMAÇÃO | Victor Benatti
REVISÃO | Rubens Toledo

Ficha catalográfica

Kulcheski, Jean, 1985
Estamos aqui para quê? / Jean Kulcheski - 6ª reimp. abr. 2025 - Capivari-SP: Editora EME.
176 p.

1ª ed. nov. 2021
ISBN 978-65-5543-061-5

1. Espiritismo. 2. Autoconhecimento. 3. Textos motivacionais. 4. Roteiro para reforma íntima. I. Título.

CDD 133.9

DEDICATÓRIA

Dedico este livro aos meus pais, Edvaldo e Jociely, meus exemplos e inspiração para todos os momentos, e à Zélia Carneiro Baruffi, por todo o incentivo e ajuda para que esta obra fosse editada.

SUMÁRIO

INTRODUÇÃO

"Não somos seres humanos vivendo uma experiência espiritual, somos *seres espirituais* vivendo uma *experiência humana*". É com essa frase de Pierre Teilhard de Chardin que inicio este livro. Somos espíritos, cuja vida iniciou muito antes do nosso berço e não terminará no nosso túmulo. A atual experiência que estamos tendo na carne é apenas mais uma, e quando digo apenas mais uma, não é desmerecendo-a de maneira alguma. A nossa atual encarnação trata-se de oportunidade preciosa, e que devemos aproveitá-la da melhor forma.

A evolução pode ocorrer tanto quando estamos na condição de encarnados como quando estamos na condição de desencarnados, sempre conforme a nossa vontade e o nosso esforço, mas é na existência corporal, por meio da bênção do recomeço e do véu do esquecimento, que temos uma grande chance para renovar nossos sentimentos e avançar nos degraus da nossa evolução.

Com certeza o nosso planeta é lindo, tem muitas paisagens magníficas, mas precisamos ter em mente que não estamos aqui tão somente para uma "reencarnatur".

No livro *O legado de Paulo de Tarso*, Alírio de Cerqueira Filho afirma algo grave, mas muito verdadeiro: "O espírito imortal que vive em consciência de sono, simplesmente para comer, dormir, fazer sexo e se divertir, como se a vida humana fosse semelhante à de um suíno, morre psicologicamente, pois vive num movimento de autoengano, buscando as coisas que lhe são lícitas, mas que não lhe convém." Conhecemos alguém nesta situação? Precisamos cuidar para que nós não estejamos vivendo desta maneira.

O motivo pelo qual estamos encarnados é muito maior do que um simples turismo neste mundo material. A reencarnação serve para a nossa evolução, serve para provarmos, para expiarmos e para cumprirmos tarefas. Reflitamos: estamos aproveitando esta oportunidade como deveríamos? Talvez já se passaram 20, 30, 40 anos da nossa encarnação. Talvez já estejamos da metade para o fim dela. E em que situação retornaremos à pátria espiritual? Será que sairemos dessa encarnação melhores do que quando entramos nela? Ou será que continuaremos estagnados, desperdiçando tempo e oportunidades para a nossa melhoria?

Sem dúvida todas as pessoas progredirão, cada uma a seu tempo, com sua maneira de ser e de caminhar. Entretanto, parafraseando Haroldo Dutra Dias, se num determinado dia eu não conseguir dar um passo, que eu arraste meu pé um centímetro que seja, mas que nenhum dia meu seja em vão. Que hoje eu seja uma pessoa melhor que ontem, e que amanhã eu seja uma pessoa melhor que hoje.

Estamos aqui para quê? Neste livro abordaremos temas como apego às coisas materiais, relacionamentos e sofrimento. Trataremos do que pode complicar nossa vida:

egoísmo, orgulho, mágoa, revolta, culpa, ansiedade, raiva, ódio, medo, inveja e ciúme. Discorreremos sobre a importância de Jesus em nossas vidas, sobre o esforço e a vontade, sobre a reforma íntima e sobre o cuidado com os nossos pensamentos. Também trataremos do que pode facilitar a nossa vida: caridade, benevolência, indulgência, perdão, paciência, abnegação, resignação, gratidão e trabalho. Para finalizar, apresentaremos algumas dicas importantes para a nossa vida: largar os pesos que são as más tendências, ouvir nossa consciência e ouvir nosso anjo guardião.

A vida não é complicada - somos nós que a complicamos!

1ª PARTE

OBSTÁCULOS NOS QUAIS DEVEMOS PARAR DE TROPEÇAR

CAPÍTULO 1

PARAR DE BRINCAR NA ILUSÃO

Certa feita Dalai Lama[1] foi questionado sobre o que mais o surpreende na humanidade. Ele respondeu: *O homem. Porque ele sacrifica sua saúde, a fim de ganhar dinheiro. Em seguida, sacrifica o dinheiro para recuperar sua saúde. E então está tão ansioso sobre o futuro que não desfruta o presente; o resultado é que ele não vive nem no presente nem no futuro; ele vive como se nunca fosse morrer, e depois morre sem nunca ter realmente vivido.*

Essa frase de Dalai Lama nos faz refletir sobre prioridades. O que nós estamos priorizando em nossa vida hoje? Eis alguns itens: amor, amigos, estudo, religião, poder, fama, trabalho, família, saúde, dinheiro, festas, beleza e mais algum item que pode estar passando pela nossa cabeça neste momento – o que é que nós priorizamos no nosso dia a dia? Se houvesse um pódio, que itens colocaríamos em 1º, 2º e 3º lugares? O que colocamos como prioridade hoje, está realmente nos trazendo felicidade? Ou são justamente estes itens que nos causam sofrimento? Estes itens que coloco no pódio estão mais

---

1 Líder do budismo tibetano.

ligados à ilusão (coisas materiais) ou à realidade (relacionados com a questão espiritual)?

NECESSÁRIO X SUPÉRFLUO

Em *O Livro dos Espíritos*, na questão 922, Allan Kardec argumenta: *A felicidade terrena é relativa à posição de cada um; o que é suficiente para a felicidade de um faz a desgraça de outro. Há, entretanto, uma medida comum de felicidade para todos os homens?*

E a resposta dos espíritos é: *Para a vida material, a posse do necessário; para a vida moral, a consciência pura e a fé no futuro.*

Levando em consideração a vida material, os espíritos recomendam que possuamos apenas o necessário. Não necessitamos do supérfluo, que é um peso em nossa marcha evolutiva. Imaginemos alguém caminhando com um peso sobre a cabeça. Essa pessoa caminha vagarosamente, isso se estiver conseguindo sair do lugar. Talvez esteja, inclusive, estagnada em sua marcha. É um peso que ninguém obriga a pessoa a carregar. Ela carrega porque quer. É um peso que traz mais dores e sofrimento do que alegria e felicidade.

DILEMA

Se tivéssemos que escolher - questões materiais ou questões espirituais —, seria fácil optar pelas coisas do espírito em detrimento das coisas da matéria?

É claro que uma pessoa rica pode ser boa – isso é fato. Entretanto, num exercício didático que avalia as nossas prioridades, façamos o seguinte: vamos pensar numa virtude qualquer – que seja a paciência. Você escolheria adquirir paciência ou ganhar um milhão de reais? Reflita por um instante.

Um é permanente, o outro é passageiro. Um é objetivo de existência, o outro não. Um é real, e o outro ilusório. Um conduz ao Reino dos Céus, e o outro não. Um tem valor inestimado, o outro estimado. Neste exercício, 5 a 0 para a paciência. Virou goleada. E como nós somos insensatos ao escolher coisas efêmeras e não aproveitar essa encarnação, que é um piscar de olhos diante da eternidade!

Repetimos: ter dinheiro não me impede de ter paciência ou de ser uma pessoa boa. Trata-se apenas de um exercício que simula minhas prioridades hoje.

O QUE É CONDENÁVEL?

Deus não condena os gozos terrenos, mas o abuso desses gozos em prejuízo dos interesses da alma. Não tem problema usar as coisas. O problema é que nós "amamos" as coisas e usamos as pessoas. Precisamos corrigir urgentemente. O certo é amar pessoas e não usá-las. Coisas, sim, devem ser usadas.

COISAS MATERIAIS NÃO SUBSTITUEM AFETO

Tem pessoas que trabalham muito, simplesmente para ter, e, tendo, gostam de ostentar. A vida da pessoa vira trabalho-trabalho-trabalho, para ter-ter-ter, para ostentar-ostentar-ostentar. Tudo isso para quê? Trabalha tanto que esquece da família, não tendo tempo para dar o afeto indispensável. Sem dar afeto, essa pessoa compensa dando coisas materiais. E aí esse círculo vicioso não tem fim.

TER OU SER

Quem é que não gostaria de ganhar um carro de presente? Todos gostariam de ganhar. E foi isso que um irmão fez pelo outro. Deu um carro de presente, com fita vermelha em cima, tanque cheio, impostos e seguro pagos. O irmão que ganhou ficou muito feliz, e a primeira coisa que ele fez foi ir até a casa do melhor amigo para contar. O amigo ficou contente, mas surpreso ele questionou: "O seu irmão te deu um carro de presente?" E a resposta foi um sonoro "sim".

Então o amigo disse: "Nossa, como eu gostaria de..."

De o quê? A maioria das pessoas diria "de ter um irmão assim", mas não foi isso que ele falou. Ele disse: "Nossa, como eu gostaria de ser um irmão assim", um irmão que faz sacrifícios pelo outro.

É melhor "ter" ou "ser"? É muito melhor "ser", mas reflitamos como estamos presos ao "ter", tanto que nossa resposta automática foi "como eu gostaria de ter um irmão assim".

MUNDO DA ILUSÃO X MUNDO DA REALIDADE

No livro *Jesus, o homem mais sábio que já existiu*, Steven Scott propõe um teste bem interessante. Vivemos no mundo da ilusão ou no mundo da realidade? Uma pessoa cheia de dinheiro e Madre Teresa de Calcutá: qual destas é uma pessoa de sucesso? A resposta é "depende".

No mundo da ilusão, sucesso é medido por riqueza, cargo e *status*. Neste sentido, a pessoa cheia de dinheiro é mais bem-sucedida.

No mundo da realidade, sucesso é medido pela diferença positiva que causamos no mundo, e pela satisfação que trazemos para a nossa própria vida e para a vida das pessoas que nos cercam. Neste sentido, Madre Teresa de Calcutá é mais bem-sucedida.

E para nós, o que é sucesso? Sucesso é ter dinheiro ou ajudar aos outros? Coloquemos a mão na consciência e reflitamos: em que mundo nós vivemos?

É claro que é possível ter dinheiro e ser uma pessoa boa. Não estamos dizendo o contrário. Estamos apenas analisando qual é o nosso modelo de sucesso, pois isso determina qual é a nossa maior motivação no dia a dia: valores ilusórios ou valores reais.

POSSE REAL

O que podemos considerar como nossa posse? Apenas aquilo que, ao desencarnar, levaremos deste plano para o outro plano. Um carro, por exemplo, nós não levaremos, e por isso não é nossa posse efetiva. Trata-se apenas de usufruto. Estamos usufruindo neste tempo em que estamos encarnados. É um empréstimo que devolveremos no devido tempo.

Certa feita um turista saiu em visita a diversas aldeias distantes. E num dos passeios, ele foi até uma casa, no alto de uma montanha. O dono da casa o recebeu com toda a hospitalidade. Contudo, o turista ficou intrigado e perguntou como conseguia viver com tão poucas coisas, sem luxo algum.

O senhor respondeu com outra pergunta: "Você vem de tão longe; o que tem em sua mala?" A resposta foi: "Ah, eu tenho poucas coisas, somente o que vou precisar nesta viagem, para que não precise carregar um peso supérfluo, já que estou apenas de passagem." Então o senhor lhe disse: "Eu também estou aqui de passagem, e tenho comigo somente o que necessito. O supérfluo acarretaria ansiedade e sofrimento."

FÉ NA IMORTALIDADE DA ALMA

Quando a pessoa tem dúvida sobre a vida futura, foca excessivamente ou até exclusivamente na vida terrena. E não percebendo bens mais preciosos do que os materiais, se porta igual uma criança, que nada vê além dos seus brinquedos. O que faz uma criança quando perde um brinquedo? Chora, resmunga, esperneia. O que fazemos quando perdemos algum bem material? Choramos, resmungamos e esperneamos.

NECESSIDADES FICTÍCIAS

Todas as nossas necessidades ligadas ao supérfluo, ao poder e à fama são necessidades fictícias. São ilusórias. Um exemplo: ajudar alguém esperando que essa pessoa nos agradeça eternamente não é caridade. Porque a caridade é desinteressada. Essa necessidade que temos de reconhecimento e louvor não é uma necessidade real.

Outro exemplo: para sermos felizes, não precisamos de 30 pares de sapato ou trocar o carro todo ano. Tudo isso são necessidades aparentes, irreais. Podemos passar muito bem sem tantos pares de sapato ou carros zero-quilômetro. E quantas vezes choramos, resmungamos e esperneamos por coisas assim, das quais nem precisamos de verdade?

UMA REALEZA TERRENA

No capítulo II de *O Evangelho segundo o Espiritismo*, encontramos a seguinte mensagem, intitulada "Uma realeza terrena" e assinada por Uma rainha de França.

> O orgulho me perdeu sobre a Terra. O que foi que eu levei comigo, da minha realeza terrena? Nada, absolutamente nada. E como para tornar a lição mais terrível, ela não me acompanhou sequer até o túmulo!
>
> Rainha eu fui entre os homens, e rainha pensei chegar no Reino dos Céus. Mas que desilusão!

> E que humilhação, quando, em vez de ser ali recebida como soberana, tive de ver acima de mim, mas muito acima, homens que eu considerava pequeninos e os desprezava, por não terem nas veias um sangue nobre!
>
> Oh, só então compreendi a fatuidade dos homens e das grandezas que tão avidamente buscamos sobre a Terra! Para preparar um lugar nesse reino são necessárias a abnegação, a humildade, a caridade, a benevolência para com todos. Não se pergunta o que fostes, que posição ocupastes, mas o bem que fizestes, as lágrimas que enxugastes.
>
> Os homens correm atrás dos bens terrenos, como se os pudessem guardar para sempre. Mas aqui não há ilusões, e logo eles se apercebem de que conquistaram apenas sombras, desprezando os únicos bens sólidos e duráveis, os únicos que lhes podem abrir as portas dessa morada.

Essa mensagem revela como muitas vezes corremos atrás de coisas que se esvaem pelos nossos dedos. Sofremos para manter, mas coisas materiais são passageiras. Piscamos os olhos, e elas acabam. Dinheiro acaba, poder acaba, beleza acaba, fama acaba. Outra característica destas riquezas mundanas: elas não saciam o espírito. Não importa quanto dinheiro, poder, beleza ou fama tenhamos: nós iremos querer mais. Valores como esses não preenchem a alma. Fica sempre um vazio no coração. E se achamos que a felicidade está nestas coisas, estamos perdendo tempo. Estamos brincando na ilusão, tropeçando em obstáculo atrás de obstáculo.

* * *

No início deste capítulo tratamos sobre as prioridades que temos em nossa vida. O que nós colocamos no pódio? Nossas prioridades nos trazem satisfação íntima duradoura? Ou nossas prioridades nos causam angústia? Será que não precisamos fazer uma revisão do nosso estilo de vida e das nossas prioridades?

Estimemos a nossa encarnação em 100 anos. Deste tempo, qual porcentagem passamos vivendo a realidade? Qual porcentagem passamos vivendo a ilusão? Como perdemos tempo com coisas sem importância e sem valorizar o que realmente deveríamos. Coloquemos mais realidade urgentemente em nossas vidas.

CAPÍTULO 2

PARAR DE BRIGAR POR COISA PEQUENA (E POR QUALQUER OUTRA COISA TAMBÉM)

No fundo ninguém gosta de viver brigando com os outros. Com algumas pessoas é até fácil conviver, mas com outras já é mais complicado. O que fazer com as pessoas de difícil trato? É preciso aprender a conviver.

Pode ser que estejamos precisando nos acertar com alguém há dez encarnações. E agora estamos novamente com a oportunidade do reajuste. Ao invés de nos acertar com ele, preferimos a briga ou o isolamento. Será que postergaremos de novo? Deus, em sua bondade e inteligência suprema, aproxima-nos dos nossos desafetos, e nós, com nossa visão limitada, afastamo-nos deles...

VONTADE DE DEUS

Nós não encontramos ninguém nesta vida por acaso. Cada pessoa que está ao nosso lado nesta jornada ou é um teste, ou é uma lição, mas, independentemente se for teste ou lição, sempre será um presente para nós. Emmanuel diz no livro *Vinha de luz*: "As pessoas e circunstâncias da nossa vida expressam a vontade de Deus a nosso respeito".

Reflitamos sobre as pessoas que nos rodeiam, as circunstâncias que vivemos, pois tudo isso expressa a vontade de Deus a nosso respeito. Por exemplo: se do nosso lado há uma pessoa que nos testa a paciência o tempo todo, qual é a vontade de Deus a nosso respeito? Sem dúvida, que desenvolvamos a paciência!

NECESSIDADE DA VIDA EM SOCIEDADE

Na questão 768 de *O Livro dos Espíritos*, Kardec pergunta: *O homem, ao procurar viver em sociedade, apenas obedece a um sentimento pessoal, ou há um objetivo providencial mais geral?*

E a resposta: *O homem deve progredir, mas não pode fazer isso sozinho porque não dispõe de todas as faculdades. Eis por que precisa se relacionar com outros homens. No isolamento, se embrutece e se enfraquece.*

Ou seja, aquele velho jargão que nós precisamos uns dos outros, é válido inclusive para o nosso progresso. Não se evolui vivendo isolado. Apenas é possível evoluir vivendo em sociedade, aprendendo com as limitações e o potencial das outras pessoas.

COMPORTAMENTO E SENTIMENTO

É mais fácil controlar nosso comportamento ou o nosso sentimento? Reflitamos sobre o que é mais fácil: opção 1 - acordar cedo e pensar "hoje vou para meu trabalho e vou sentir amor por aquele meu colega que me calunia e me trata mal"; ou, opção 2 – acordar cedo e pensar "hoje vou para o meu trabalho e vou me comportar bem diante do meu colega de trabalho que me calunia e me trata mal".

O que está à mercê da nossa vontade: comportamento ou sentimento? Resposta: comportamento.

QUESTÃO 887

Na questão 887 de *O Livro dos Espíritos*, Kardec redarguiu aos benfeitores: *Jesus também disse: "Amai até mesmo os inimigos". Porém, o amor aos inimigos não é contrário às nossas tendências naturais? A inimizade não provém da falta de simpatia entre os espíritos?*

E a resposta: *Sem dúvida, não se pode ter pelos inimigos um amor terno e apaixonado; não foi o que Jesus quis dizer. Amar os inimigos é perdoar e pagar o mal com o bem. O que assim procede se torna superior aos seus inimigos, ao passo que abaixo deles se coloca se procura tomar vingança.*

Quando Jesus diz para amar os inimigos, não é aquele frenesi: "aí, meu inimigo, vem aqui que vou te abraçar". Na realidade, amar os inimigos é pagar o mal com o bem, e isto é comportamento. Amar os inimigos é perdoar, e isto é expressado pelo comportamento. Jesus nos diz para praticar o ágape[2]: amor incondicional, baseado no comportamento e na escolha. O amor ao próximo é o

2 Palavra grega, que foi traduzida com várias acepções. No hebraico, foi empregada como sinônimo de amor e também para o verbo amar. "Amai (ágape) a Deus sobre todas as coisas..." **Nota do Revisor.**

princípio da caridade, e o amor aos inimigos é sua aplicação máxima, pois estaremos vencendo nosso orgulho e o nosso egoísmo.

ENSINAMENTOS DE JESUS

Jesus disse: *Se somente amardes os que vos amam, que mérito se vos reconhecerá, uma vez que as pessoas de má vida também amam os que os amam?*

Pensemos na pessoa mais marginal que pudermos. Esta pessoa é capaz de ser boa com quem ela gosta. Nós que conhecemos Jesus e os seus ensinamentos precisamos dar um passo adiante. O nosso desafio é ser bom com aqueles de quem não gostamos e com aqueles que nos tratam mal. Amar quem nos ama é muito fácil: basta ser reativo e seguir o princípio da reciprocidade. Amar quem não nos faz o bem é a verdadeira vitória sobre nossos interesses pessoais e sobre nossas más tendências.

Lembremos da frase de Madre Teresa de Calcutá: *As pessoas boas merecem o nosso amor; as pessoas ruins precisam dele*. E dessa maneira distribuamos amor sem olhar a quem.

Jesus também disse: *Amai os vossos inimigos, bendizei os que vos maldizem, fazei bem aos que vos odeiam, e orai pelos que vos maltratam e vos perseguem.* Mateus 5:44.

Determinadas pessoas, ao ter contato com os ensinamentos de Jesus, pensam o seguinte: "Amar os inimigos? Fazer o bem àquele que me odeia? Isso é um absurdo." Num degrau acima estão as pessoas que agem em virtude de uma obrigação moral, e quando têm contato com os ensinamentos de Jesus, pensam: "Eu devo fazer o bem àqueles que me fazem o mal; eu devo perdoar." E mais um degrau acima estão aqueles que interiorizaram os ensinamentos do Mestre, e agem por ter a certeza de que isso é o correto. Esses pensam: "Eu quero amar os inimigos, eu quero perdoar."

E hoje, em que estágio nos encontramos, tratando-se dos ensinamentos de Jesus: No estágio do "é um absurdo", do "eu devo" ou do "eu quero"? Lembremos que é a vontade de cada um que conduz do primeiro degrau para o segundo e do segundo para o terceiro.

Emmanuel nos ensina que "A disciplina antecede a espontaneidade." A disciplina está no comportamento (eu devo). A espontaneidade está no sentimento (eu quero). Só chegaremos no sentimento depois de passar pelo comportamento. Só chegaremos no nível de "eu quero" depois de muito insistir no "eu devo".

A disciplina antecede a espontaneidade. Entretanto, precisamos insistir. O problema é que como nossa vontade de sermos pessoas melhores é fraca, não insistimos tanto. E a falta de disciplina nos acomoda, fazendo com que continuemos dormindo, espiritualmente falando.

Se hoje eu sinto inimizade por alguém, não adianta sentar no sofá e esperar surgir o amor. É preciso conviver com essa pessoa que não nos agrada, esforçar-me para tratá-la bem, e, com o tempo, vem o sentimento. Mas uma dúvida muito comum é: Não estarei sendo falso ao fazer o bem que não quero fazer? Resposta: Não. Estará apenas se esforçando para fazer o certo, buscando vencer as próprias más tendências.

INSTINTO, RAZÃO, SENTIMENTO

Avaliando o nosso comportamento, poderíamos dizer que agimos mais pelo instinto, pela razão ou pelo sentimento?

INSTINTO

A pessoa que age pelo instinto é basicamente reativa. Seu comportamento depende do comportamento das outras pessoas. Se os outros lhe fazem coisas ruins, fica revoltada e tenta vingar-se. Se as coisas estão indo bem, está bem; mas, se as coisas não saem como gostaria, fica mal. Se o tempo está bom, essa pessoa está bem. Se o tempo está ruim, fica mal. Isso é ser reativo.

Não agir conforme o nosso interior, mas de acordo com o exterior. E muitas atitudes intempestivas que tomamos são infantis e aproximam-se do ridículo. Se pudéssemos ver uma filmagem nossa, em muitos momentos sentiríamos vergonha.

Quem age pelo instinto? Os animais. Deixemos de agir pelo instinto e comecemos a agir pela razão.

RAZÃO

O ser humano é dotado de razão, por isso chamado de racional. Isso significa agir com sabedoria, discernir o certo do errado, utilizar o bom-senso e a lógica. É pensar antes de agir. E nós agimos com razão? Pensamos ou agimos antes? Nosso comportamento é consequência de aspectos exteriores ou de valores internos?

É lógico que, cientificamente falando, tudo que fazemos ou falamos passa antes pelo nosso pensamento, mas, quando dizemos que "agiu sem pensar", é porque pensou muito rápido, não dando tempo de amadurecer qualquer ideia.

E devo contar até quanto? Até 10? Depende do tamanho do problema. Tem problema que tomar um gole de água antes de responder ou agir já resolve. Tem problema que, para enfrentá-lo, você deve contar até um milhão e só resolver no dia seguinte.

A pessoa que age pela razão segue o que Paulo de Tarso escreveu na Carta aos Coríntios (6:12): *Tudo me é permitido, mas nem tudo me convém.* Tenho livre-arbítrio para fazer, mas determinadas coisas é melhor não fazer, afinal tudo tem uma consequência. Eu quero me vingar, mas em virtude de uma obrigação moral opto por não fazer isso.

Com certeza, jamais me arrependerei por ter seguido pelo caminho ensinado por Jesus. Ao mesmo tempo, sempre que me desvio dos ensinamentos do Evangelho eu me arrependo. A pessoa que age racionalmente tem marcadamente em si a sentença: "eu devo".

A pessoa racional sempre se questiona: "e depois?". Posso querer me vingar agora, mas e depois? E analisando o que pode acontecer, opta por não se vingar. É melhor resistir e sentir a paz interior, do que ter prazer por um brevíssimo espaço de tempo e se arrepender por muito tempo depois.

SENTIMENTO

Após muito treinar o "eu devo", ele se transformará em "eu quero". A disciplina se tornará espontaneidade. E tudo o que eu fazia sob o prisma da razão, passarei a fazer pelo sentimento.

Numa história de autor desconhecido, conta-se que havia uma nora que só queria uma coisa: matar a sogra. E ela queria fazer isso de uma maneira que ninguém desconfiasse de seu crime. Então esta nora vai até um sábio, explica o que ela quer e pede uma sugestão.

O sábio prontamente lhe diz: "Pingue uma gota deste líquido em tudo que sua sogra for beber, não deixando que ninguém veja você fazer isso. Ao mesmo tempo, comece a se comportar bem diante da sua sogra. Em um ano, ela morre".

A nora achou muito tempo, mas tudo bem. Voltou para casa e começou a seguir as instruções. A sogra ia beber chá, a moça pingava uma gota do líquido. Ia beber café, mesma coisa. E começou a se comportar bem diante dela. Dentro de algumas semanas, a nora começou a se dar bem com a sogra. Tornaram-se melhores amigas.

E a nora voltou correndo ao sábio. "Eu não quero mais matar minha sogra. Estou me dando bem com ela."

E o sábio respondeu: "Não se preocupe. Aquele líquido era água. Mas eu sabia que a solução do seu problema estava no seu comportamento. Ajustando seu comportamento, você ajustou o seu sentimento".

Willian James diz: *A ação parece seguir-se ao sentimento, mas, na realidade, ação e sentimento caminham juntos. Regu-*

lando a ação, que se encontra sob o controle mais direto da vontade, podemos, indiretamente, regular o sentimento que não se encontra nessa mesma situação.

O que está à mercê da nossa vontade: comportamento ou sentimento? É o comportamento. Através do bom comportamento, eu gero o bom sentimento.

O que fazer para ser uma pessoa melhor? Opção **a** – comportar-me bem diante dos outros, de forma disciplinada e repetitiva; ou opção **b** – esperar que crie asas, que vire anjo de repente e do nada brote o sentimento dentro de mim. Com certeza a opção **a** é o caminho.

TODOS NOS ACERTAREMOS

Nós sabemos que, mais dia menos dia, todos nos acertaremos. Logo ficaremos amiguinhos. Então para que perder tempo brigando e sofrendo?

Esse acerto dever partir de quem? O ideal é que dos dois, mas se não for possível, espera-se que parta do mais evoluído. Já imaginou se o mais evoluído fica magoado e não quer saber de mais nada? Como ficaria essa reconciliação? Se acertariam, mas a estrada se tornaria bem mais comprida. No livro *Doenças e transtornos espirituais*, Divaldo Pereira Franco escreve que *os homens elegem a estrada breve ou a longa para chegar à meta que os aguarda.*

Agora pensemos: tem alguém com quem precisamos nos acertar? Escolheremos a estrada curta ou a longa?

Não é difícil viver com as outras pessoas. O problema é que nós complicamos.

CAPÍTULO 3

PARAR DE NOS CONSIDERAR COMO COITADINHOS

Sempre que nos sentimos coitados, diminuímos de tamanho e o problema passa a parecer maior do que ele é. Todos temos um enorme potencial, mas ao praticar o coitadismo pegamos esse potencial e o jogamos no lixo. A pessoa coitada gosta de usar a sua miséria, talvez inconscientemente, para que os outros gravitem em sua órbita.

Precisamos ter a noção de que todo sofrimento esconde uma bênção. Tudo é para o nosso burilamento. Se aproveitarmos bem as dificuldades que enfrentamos, conseguiremos nos transformar de pedras brutas em diamantes. Então, coitadinho por quê? Não existe coitado. Existem aqueles que superam os obstáculos e crescem, e existem aqueles que paralisam e agonizam diante de um obstáculo. E nós queremos ser quem?

LIÇÕES

Tem uma frase de autor desconhecido que diz: "Seus problemas são reflexos das lições que ainda precisa aprender". Todo problema nos traz uma lição. Se aprendermos a lição, este problema não tem mais razão de ser. Outros problemas virão para que aprendamos novas lições. Mas aquele problema que nos afligia, esse desaparece.

QUADRO BRANCO

A vida de todos é um quadro branco com um pontinho vermelho no meio. A área branca representa tudo de bênçãos que temos em nossas vidas, e o pontinho vermelho representa os problemas que possuímos. Infelizmente esquecemos de olhar para a área branca e focamos apenas o pontinho vermelho, enxergando apenas as dificuldades de nossa vida.

William Shakespeare diz que "sofremos demais pelo pouco que nos falta e alegramo-nos pouco pelo muito que temos". Gostaríamos que nossa vida fosse apenas "área branca", sem pontinho vermelho algum. Se assim fosse, provavelmente seríamos criaturas acomodadas e não faríamos esforço para nos melhorarmos.

Nós precisamos do "pontinho vermelho". Achar que só seremos felizes quando não tivermos mais problemas, é querer uma felicidade de flor de estufa - a flor fica ali, protegida de chuva, vento e frio por uma redoma, e apenas recebe bênçãos.

Esta "felicidade passiva" de apenas "receber" não existe. Deus é bom e põe obstáculos em nossas vidas para que possamos desenvolver a resiliência, que é a capacidade de superar adversidades, e desta forma nos tornarmos pessoas melhores a cada dia.

Tudo é para o nosso burilamento. Fosse por nós, continuaríamos pedras brutas para sempre, mas Deus coloca esses obstáculos para que nos tornemos diamantes. Crescer dói, mas vale a pena.

NÃO ENTENDEMOS O CONTEXTO

Um bebê sempre chora quando vai tomar uma vacina. Ele não imagina o porquê daquela picadinha. Mais tarde, quando esse bebê se tornar um adulto maduro, perceberá que a dor que sentiu anos antes foi insignificante frente a todos os benefícios que obteve através da vacina. Da mesma forma, quando formos espíritos maduros, perceberemos que todos os obstáculos em nossa vida hoje não são nada, frente a todos os benefícios que colhemos devido a esses obstáculos. Tudo é para o nosso crescimento.

CONFIANÇA NO PAI

Deus é pai, justo, bom e misericordioso. Ele só quer o nosso bem e não permitiria que fôssemos excruciados, exceto por uma boa razão ou causa justa. Ou seja, todas as tormentas que enfrentamos jamais são em vão. Tudo tem um porquê. Ou trata-se de uma prova, ou trata-se de uma expiação.

Aliás, é este o atual estágio do planeta Terra: de provas e expiações. Estamos numa transição para mundo de regeneração, mas, em suma, ainda somos um planeta de provas e expiações. Todo obstáculo em nosso caminho é instrumento importante para o nosso progresso, e reforçamos: cada obstáculo está ali posicionado de maneira perfeita, por uma boa razão ou por uma causa justa.

Duas leis norteiam nossa marcha evolutiva: livre-arbítrio e lei de causa e efeito. Tenho liberdade para semear, mas de tudo que tiver semeado, em algum tempo irei colher. A qualidade da minha vida é definida exclusivamente por mim. Não existe perseguição ou azar. E saber disso é muito confortador, pois elimina aquela ideia de que somos vítimas e que existe injustiça em nossos padecimentos. Não há injustiça. Tudo faz parte de um planejamento perfeito da Providência Divina, esculpido conforme o nosso estágio evolutivo, ritmo de aprendizado, tarefas, débitos e experiências.

Confiemos no Pai. Não cai uma folha sem que Ele saiba, e Ele não coloca fardo mais pesado do que aquele que teríamos condições de suportar. Muitas vezes o bem se encontra onde nós julgamos estar o mal. Nossa visão é limitada, mas a de Deus não. Confiemos em Sua justiça, em Sua bondade e em Sua misericórdia.

DEUS ESCREVE CERTO POR LINHAS CERTAS

Aquela frase "Deus escreve certo por linhas tortas" está errada. O correto é "Deus escreve certo por linhas certas". Achamos que é por linhas tortas porque não compreendemos as coisas corretamente e ainda temos a visão muito limitada.

EGOÍSMO, ORGULHO E REVOLTA

Osho[3] ensina que: *A realidade nunca é frustrante, é sempre gratificante. Frustrações surgem, porque impomos nossas ilusões à realidade"*. Na oração do Pai-Nosso dizemos *Seja feita a vossa vontade*, mas no fundo nós desejamos estar no controle, e isto é orgulho e egoísmo puro.

Na questão 785 de *O Livro dos Espíritos*, Kardec pergunta: *Qual é o maior obstáculo ao progresso?* A resposta é: *O orgulho e o egoísmo (...)* E com isto vai se perpetuando uma situação que nos mantém em consciência de sono, estagnados em nossa marcha evolutiva. Isso acontece até que algo nos balance. A primeira proposta pedagógica para a nossa evolução é sempre o amor, mas se não vai por amor, vai pela dor. Então sofremos, e nos revoltamos, e sofremos, e nos revoltamos, num longo ciclo, até que percebemos que não adianta revoltar-se - é preciso resignar-se. Lembrando que resignação significa aceitar e agir. Não tem nada de sofrimento passivo. Portanto, a dor serve para nos acordar. Se despertarmos, não precisaremos mais dela.

O SOFRIMENTO TEM A DIMENSÃO QUE LHE DAMOS

Quantas vezes por desconfortos mínimos e já estamos nos lastimando.

---

3 Líder religioso indiano. Foi professor de filosofia e mestre na arte da meditação.

Numa história de autor desconhecido, conta-se que havia um jovem rapaz que acordava cedo e trabalhava o dia todo. A cidade que este jovem morava era muito quente, e o seu trabalho exigia roupas formais. Para ajudar, o ar-condicionado sempre estava na manutenção. Tudo o que ele queria ao final da tarde era voltar para casa e tomar um banho bem relaxante. Entretanto, à noite esse jovem ainda tinha que ir para a aula. A faculdade ficava a dez quadras do seu trabalho, e ele percorria este trajeto a pé.

Nessa sua caminhada, sempre pensava as mesmas coisas: *Por que tenho que trabalhar?, por que tenho que estudar?, por que essa cidade é quente?, por que não tenho carro?* etc. Ele andava sempre cabisbaixo, se lamentando por todos estes infortúnios. Certo dia indo para a faculdade, ele subia uma ladeira e, ao longe, escutou alguém assoviando com muita musicalidade e harmonia. Apressou o passo para ver quem assoviava. Era um homem que não tinha nenhuma das duas pernas, e se arrastava, lentamente, com o auxílio das mãos. Esse homem caminhava devagar e admirava a paisagem, sorria e acenava para as pessoas. O jovem nesse instante sentiu-se constrangido porque percebeu que reclamava por desconfortos tão pequenos. Reclamava por ter que trabalhar - quantas pessoas não gostariam de estar trabalhando em seu lugar? Reclamava por ter que estudar - quantas pessoas não sonham um dia fazer uma faculdade? Reclamava por ter que andar do trabalho até à faculdade - quantas pessoas não dariam qualquer coisa para andar?

O sofrimento tem a dimensão que lhe damos. Por vezes, mergulhamos de tal forma nos próprios problemas que não percebemos que eles são pequenos demais para nos tirar a disposição e a alegria de viver.

MUDAR A FORMA DE COMO ENCARAR OS PROBLEMAS

Para acabar com o sofrimento, a mágica não é fazer sumir o problema, mas simplesmente mudar a forma de encará-lo. Precisamos aprender as lições, superar o obstáculo e seguir adiante.

Numa história de autor desconhecido, conta-se que um mestre estava prestes a se aposentar e teria que indicar o seu sucessor. Entre seus discípulos, havia dois que estavam aptos para a função. Para ter certeza de qual escolheria, o mestre lançou o seguinte desafio: empreender a subida de uma grande montanha com feijões no sapato. Chegado o dia e a hora do desafio, ambos iniciaram a subida. Na metade do caminho, um deles não aguentava mais. Tirou os sapatos e viu bolhas nos pés. A dor era muito grande. O seu "oponente" continuou firme até o cume da montanha e venceu o desafio. O derrotado ficou perplexo diante do desempenho do vencedor e foi questioná-lo; como ele conseguiu vencer a disputa. E a resposta foi: *Antes de colocar os feijões nos sapatos, eu os cozinhei.*

Não afirmemos que houve malandragem. Deixemos de lado este aspecto. Reflitamos que, carregando feijões ou problemas, há sempre um jeito mais fácil de levar a vida. Os problemas são inevitáveis, mas a dor que nos causam é variável. O mesmo problema pode representar uma tortura para uma pessoa e, para outra, um simples obstáculo a ser superado. Aprendamos a cozinhar nossos feijões.

NÃO DEVEMOS NOS ABANDONAR

Numa história de autor desconhecido, conta-se que numa fazenda havia um poço abandonado. Um cavalo caiu nesse poço. Era um poço fundo. Quando os funcionários perceberam, correram avisar o patrão. Chegou-se à conclusão que seria muito complicado tirar o cavalo de lá, e que o mais indicado seria tapar de terra aquele poço. Isso sacrificaria o cavalo, mas impediria que outros animais caíssem ali, aumentando ainda mais o prejuízo do dono da fazenda. E começaram - pás de terra, sucessivas, eram jogadas sobre o animal. Aquela terra caía no dorso do cavalo, que se sacudia, fazendo a terra descer às patas. E com isso, o piso foi se elevando. Após muitas pás de terra, aquele cavalo já estava a meio-corpo acima do solo. E assim conseguiu sair do buraco.

Primeiro ponto desta história: o cavalo não se entregou. Segundo ponto: podemos entender "pasadas" de terra como sendo problemas. Já estamos no fundo do poço, e vêm mais problemas. Não percebemos que, muitas vezes, são justamente os problemas que nos tirarão do fundo do poço. Por isso não podemos ser pessimistas jamais. Tudo passa, e tudo é para o nosso bem. Deus está no controle, e Ele é bom, justo e misericordioso.

Ter problemas na vida é inevitável, ser derrotado por eles é opcional. (Roger Crawford) .

Problemas todos temos, mas só é derrotado por eles quem quer, num misto de comodismo e masoquismo. Não nos abandonemos jamais, e saiamos do fundo do poço quanto antes.

TUDO PASSA

Conta-se que um mestre estava prestes a retornar ao seu país de origem, mas quis deixar uma última lição para o seu discípulo. Presenteou-lhe com duas caixas: uma identificada pelo número 1 e outra identificada pelo número 2, passando a seguinte instrução: "Quando tudo na sua vida estiver dando certo, você abrirá a caixa número 1. Quando tudo na sua vida estiver de pernas para o ar, quando tudo estiver dando errado, você abrirá a caixa número 2".

Os anos se passaram. O discípulo prosperou financeiramente, tinha uma família linda e harmoniosa, amigos leais, saúde plena e seus sonhos estavam se realizando. Lembrou-se da caixa 1 e abriu. Dentro dela havia um bilhete escrito: "Isso passa". Foi um banho de água fria! Que lição inesperada e chocante para o discípulo.

E realmente tudo passou. As finanças começaram a capengar, a família já não estava tão harmoniosa, os amigos haviam sumido e ele andava abatido e doente. A vida dele estava de pernas para o ar. Lembrou-se da caixa número 2 e de imediato hesitou em abri-la, por medo do que ela poderia conter.

Entretanto, curioso, resolveu abrir. Dentro dela também havia um bilhete, desta vez escrito: Isso também vai passar. O discípulo sentiu-se consolado. E trabalhou para colocar sua vida nos trilhos novamente, o que aconteceu em pouco tempo. Com isso percebeu que deveria recomeçar sua vida quantas vezes fossem necessárias.

Nossa vida é uma roda gigante. Às vezes estamos em cima (estamos bem) e às vezes estamos embaixo (estamos mal). Precisamos saber bem viver, independentemente da posição em que estivermos, afinal, o nosso estágio evolutivo é caracterizado pela alternância de bons e maus momentos em nossa vida (bonança e tempestade). Tudo é para o nosso bem e para o nosso crescimento, inclusive os momentos de tempestade.

ACREDITAR NA IMORTALIDADE DA ALMA E REENCARNAÇÃO AJUDA A SUPERAR O SOFRIMENTO

A partir do momento que compreendemos que a vida não acaba no túmulo, que viveremos para sempre e que estamos nesta encarnação apenas de passagem, as dificuldades e as dores que enfrentamos passam a ter um significado diferente. Ao encarar tudo isso com fé verdadeira na imortalidade da alma e na reencarnação, recebemos com contentamento os reveses e as decepções.

Contentamento? Sim, naturalmente. Quando possuímos dívidas, não ficamos contentes ao saldá-las? Quando queremos avançar em nossos estudos, não ficamos contentes ao passar por uma prova que poderá nos render um novo horizonte? Não ficamos contentes ao desempenhar uma tarefa importante?

Nossas dores servem para que o espírito supere uma expiação, uma prova, cumpra determinada tarefa. É uma postura lógica sentir-se satisfeito ao quitar uma dívida, ao superar uma prova ou ao cumprir determinada missão.

* * *

Quem se dedica a enxugar as lágrimas dos outros, não tem tempo para chorar. (Joanna de Ângelis)

Chico Xavier disse certa vez: *Os espíritos me escutam, mas, quando começo a me queixar demais, Emmanuel aparece e me manda trabalhar – Chico... – ele me diz. – Você é manhoso, você chora de barriga cheia... Médium que reclama demais precisa de mais serviço. Pegue o lápis, Chico, e vamos trabalhar!*

Quanto mais trabalharmos, no sentido de amar e servir ao próximo, menos nossos problemas nos afetarão. Quando paramos um pouco para ver os problemas que as outras pessoas possuem, os nossos praticamente desaparecem.

2ª PARTE

QUER COMPLICAR A SUA JORNADA?

EIS O CAMINHO...

CAPÍTULO 4

EGOÍSMO

Quer complicar sua jornada? Aja de forma egoísta.

O BEM E O MAL

Na obra *Ação e reação*, de André Luiz, ministro Sânzio explica o que é o bem e o que é o mal. Segundo ele, o bem é progresso, felicidade, segurança e justiça para todos. A pessoa de bem sacrifica seus próprios interesses em prol dos interesses da coletividade. Muitas vezes achamos que o mal é treva, escuridão e sombra. Na verdade, o mal é progresso, felicidade, segurança e justiça só para mim. Ou apenas para mim e para as pessoas mais próximas a mim. O mal é a "felicidade" exclusivista. A pessoa afeiçoada ao mal quer saber apenas do seu bem-estar ou do bem-estar do seu grupo. O restante das pessoas que se "vire". Disto tiramos que o mal nada mais é do que o egoísmo.

EGOÍSTA É INFELIZ

A pessoa egoísta é escrava de si mesma. Ao procurar atender o seu ego doente, esquece que existem outras pessoas no mundo. Ela pensa: *que chore a mãe do outro, mas que não chore a minha,* querendo justificar sua forma de ser. A pessoa egoísta costuma ser muito infeliz, pois seu mundo é pequeno e solitário. Já a pessoa caridosa vive algo muito maior, vive a coletividade, de forma amorosa, e por isso ela é muito mais feliz.

AUXÍLIO MÚTUO

No livro *Jesus no lar,* de Neio Lúcio, o capítulo 16, intitulado "Auxílio mútuo", nos apresenta uma história interessante. Dois homens caminhavam no deserto. Este deserto tinha uma característica: era muito quente de dia, mas muito frio à noite. Um frio capaz de matar, caso o viajante não estivesse devidamente preparado. E esses dois homens não estavam preparados. Por isso, eles caminhavam rapidamente e buscavam chegar em determinada aldeia antes do pôr do sol. No meio do caminho acharam um menininho perdido. Um dos homens nem cogitou em ajudá-lo, visto que isto diminuiria a velocidade da caminhada deles, e todos morreriam no frio noturno do deserto. O outro homem disse que seria impossível seguir a marcha deixando o menino para trás. Eles optaram por separar-se. Um seguiria sozinho, rápido, tentando chegar à aldeia quanto antes. O outro levaria o menino. Aquele que foi na frente não conseguiu chegar a tempo e morreu de frio no caminho. O outro foi bem mais devagar, mas abraçado ao menino, que carregava no colo, aqueceram um ao outro, e ambos conseguiram chegar à aldeia sãos e salvos.

AMAR OS OUTROS COMO NOS AMAMOS

Jesus nos ensinou a amar os outros como nos amamos. Na mesma medida. Nós podemos nos amar de zero a 100. E quanto nós nos amamos? Podemos amar o nosso próximo de zero a 100. E quanto amamos o próximo? Qual é a relação ideal? Não responda 50—50, porque amor não se divide - se multiplica. Portanto, a relação ideal é 100—100. Eu amando a mim 100, e amando meu próximo 100.

Primeiro ponto: conseguimos nos amar 100? Normalmente não. Quando sentimos mágoa, nossa nota abaixa. Quando sentimos raiva, nossa nota abaixa. Quando sentimos ansiedade, nossa nota abaixa. Ou seja, nossa nota já é baixa, e está bem longe do 100.

Segundo ponto: ainda assim, a nota de quanto eu me amo, via de regra, é superior à nota de quanto eu amo meu próximo.

Façamos a seguinte análise:

Paciência com os defeitos - somos mais pacientes com os nossos defeitos ou com os defeitos dos outros? Se formos mais pacientes com os nossos, isso significa que gostamos mais de nós.

Perdão dos erros cometidos – se cometemos um equívoco qualquer agora, dali meia hora já esquecemos. E se o outro comete um equívoco, é dali meia hora que esquecemos? Se nos perdoamos mais facilmente, significa que gostamos mais de nós.

Satisfação das necessidades e desejos – pensamos primeiro em quem: em nós ou no próximo? Se pensarmos primeiro em nos satisfazer, significa que gostamos mais de nós.

É preciso buscar a relação "100 - 100". Esse é o ideal. Amar muito a mim mesmo. E amar muito o próximo, seguindo o ensinamento de Jesus: amar o outro como nos amamos.

CAPÍTULO 5

ORGULHO

Quer complicar sua jornada? Coloque-se acima dos outros.

Kardec nos esclarece que o orgulho é a catarata que tolda a visão. Catarata é um embaçamento visual progressivo que pode levar à cegueira. Quanto mais orgulhosa a pessoa for, mais cega ela pode ficar em relação à realidade da vida.

Jean de La Fontaine narra que certa vez um burro foi carregado com relíquias sagradas e levado pelos sacerdotes a diversas aldeias distantes. Por todos os lugares onde o cortejo religioso passava, o povo aplaudia, reverenciava, homenageava e entoava hinos de louvor. O burro começou a achar que o homenageado era quem? Por incrível que pareça, o burro começou a achar que isto tudo era para ele. O burro foi ficando cada vez mais orgulhoso, até que ficou cego. Ninguém suportava o burro, até que, certo dia, um serviçal de sacerdote disse-lhe:

> – Por favor, burro tolo, afasta de tua cabeça que a ti são dirigidas as homenagens prestadas pelo povo, porque eles fazem isso por conta das relíquias que tens em teu lombo, e não a ti, que apenas as carrega.

Assim, em nosso dia a dia, costumamos nos comportar como o burro da fábula. Por exemplo: comprei um carro novo! Saio para um passeio. Abaixo o vidro e vou bem devagar para que todos me vejam. As pessoas do ponto de ônibus irão aplaudir. Mas aplaudirão a mim ou o carro? Aplaudirão o carro, e eu achando que o aplauso é para mim. Outro exemplo: fui promovido no trabalho. Virei chefe. Todos agora me bajulam. Aqueles que nunca curtiam o que eu postava nas redes sociais passaram a curtir. As pessoas irão aplaudir. Mas aplaudirão a mim ou o cargo? Aplaudirão o cargo. E eu achando que é para mim! Muitas vezes nos comportamos como o burro. Podemos nos considerar melhores por causa de uma relíquia sagrada, por causa de um carro, um cargo, uma veste diferente, um acessório etc. Tudo isso é uma grande ilusão, e o maior problema é que nós acreditamos nisso tudo.

Precisamos ter compaixão com os orgulhosos. É muito complicado fazer pose vinte e quatro horas por dia, sete dias por semana. É uma eterna busca de enganar os outros e inclusive a si mesmo. É máscara em cima de máscara.

NÃO SE COLOQUE NUM PEDESTAL

Não se coloque num pedestal, pronto para julgar e condenar, "de camarote", as outras pessoas. Tem um provérbio árabe que diz: *Não devemos julgar ninguém antes de andar uma semana com a sua sandália.* Cada pessoa está num nível diferente e enfrenta batalhas que nem imaginamos. Cada pessoa possui um ritmo de aprendizado, tarefas, débitos e experiências diferentes dos nossos. Julgar os outros a partir do nosso ponto de vista é cruel da nossa parte. Precisamos praticar mais a empatia. Todos somos irmãos, e estamos juntos na caravana da evolução. O que enxerga um pouco mais ajuda o cego, quem anda um pouco melhor ajuda o coxo, e assim vamos indo. E nós também precisamos dos outros. Não achemos que não precisamos de ninguém.

Quando nos consideramos melhores que os outros, nos colocamos num pedestal. Nos julgamos ricos de espírito e por isso não progredimos mais nada. Além de não evoluirmos, fazemos outra coisa horrível: queremos impor o nosso "ponto de vista" para as outras pessoas.

Mooji tem uma mensagem interessante a respeito, intitulada "Armadilhas do ego":

> Se você acha que é mais espiritual andar de bicicleta ou usar transporte público para se locomover, tudo bem, mas se você julgar qualquer outra pessoa que dirige um carro, então você está preso em uma armadilha do ego.
>
> Se você acha que é mais espiritual não ver televisão porque mexe com o seu cérebro, tudo bem, mas se julgar aqueles que ainda assistem, então você está preso em uma armadilha do ego.
>
> Se você acha que é mais espiritual evitar saber de fofocas ou notícias da mídia, mas se encontra julgando aqueles que leem essas coisas, então você está preso em uma armadilha do ego.
>
> Se você acha que é mais espiritual fazer yoga, se tornar vegano, comprar só comidas orgânicas, comprar cristais, praticar reiki, meditar, usar

> roupas hippies, visitar templos e ler livros sobre iluminação espiritual, mas julgar qualquer pessoa que não faça isso, então você está preso em uma armadilha do ego.

Esse impor aos outros nossos conceitos e nossos pontos de vista nunca é sadio. Esse impor nos leva ao julgamento constante, que nada mais é do que um desperdício de energia.

E se o outro não aceita aquilo que estamos impondo, dizemos que a nossa divergência é moral e excluímos essa pessoa da nossa vida, pois não a aceitamos, não a compreendemos e não a respeitamos. A nossa pretensa superioridade moral impede a convivência com o pecador.

Se pensamos desta maneira, estamos presos numa armadilha do ego que nos impede de crescer. Que fique bem claro: você pode apresentar para os outros a sua ideia, mas não queira impor e condenar o diferente.

Não importa o quanto o outro esteja errado - se eu fico com ódio da outra pessoa, esse ódio é problema meu. Nesse caso, eu deveria me preocupar mais com o meu ódio do que com o que o outro está fazendo de errado. Diante da noite, não acuse as trevas.

André Luiz nos ensina no livro *Agenda cristã*: "Aprenda a fazer lume. Em vão condenará você o pântano. Ajude-o a purificar-se."

ORGULHOSO SE OFENDE FACILMENTE

Quando as outras pessoas dizem coisas que não gostamos, ou fazem coisas que reprovamos, costumamos nos ofender? Se sim, significa que o nosso orgulho ainda é grande, e não conseguimos aceitar qualquer coisa que seja diferente da nossa opinião. E quando ofendidos, costumamos perdoar e esquecer o ultraje facilmente?

Não é preciso muito para que nos sintamos ofendidos. Às vezes não é nem pelo que o outro tenha feito contra nós, mas por aquilo que o outro deixou de fazer. Por exemplo: muitas pessoas têm necessidade de reconhecimento, e quando não recebem o agradecimento ou o aplauso, sentem-se ofendidos.

Outras tantas vezes nos ofendemos por coisas que os outros não fizeram de propósito. Foi sem querer e talvez o outro nem tenha percebido o erro. Quantas vezes não ficamos enfurecidos com fechadas que levamos no trânsito? Muitas delas, o outro motorista infrator nem percebeu a manobra errada, e segue seu caminho. E eu sigo acompanhado um bom tempo pela raiva, pensando com o meu orgulho ferido: "Quem ele pensa que é para dirigir assim, colocando em risco a segurança dos outros?"

Deparamos situações nas quais alguém emite um ponto de vista, sem intenção de machucar ou ofender. Mas eu tenho a intenção de me machucar, e uso as palavras dos outros como um punhal, cravando no meu coração. É um processo no qual eu firo a mim mesmo, usando as outras pessoas para justificar esse ato. Eu dou o sentido que eu quero às palavras das outras pessoas.

O LAGO E O LODO

Imaginemos um lago de água cristalina, mas com lodo no fundo. Se nos ofendemos facilmente, significa que esse lago é raso e qualquer agito já revela o lodo. Se dificilmente nos ofendemos, é porque o lago é profundo, e é preciso que algo mais forte aconteça para fazer o lodo vir à tona. Nosso objetivo é chegar ao ponto em que não haja lodo no fundo, e que, haja o que houver, nosso lago continuará transparente. Precisamos hoje prestar atenção nas coisas que agitam o nosso lago e trabalhar essas questões dentro de nós.

Podemos fazer uma escala:

1ª fase: nos ofendemos com qualquer coisa e demoramos para esquecer. Gostamos de ficar remoendo aquilo que nos desagradou, porque não conseguimos conceber como isso aconteceu. O lodo sobe facilmente e demora para assentar-se novamente;

2ª fase: nos ofendemos facilmente, mas algum tempo depois já esquecemos o insulto. Lodo sobe facilmente, mas rapidamente também se assenta;

3ª fase: não é qualquer coisa que nos ofende, e após algum tempo perdoamos. O lodo não sobe facilmente;

4ª fase: não nos ofendemos. Não há lodo. Exemplo: Jesus. Se tentássemos ofendê-lo, não iríamos conseguir. E o que ele acharia de nós? Consideraria que somos imaturos; ficaria condoído e pensaria em como nos ajudar. Façamos o mesmo quando alguém nos ofender. Pensemos em como ajudar essa pessoa, mas cuidando para não ficar com o nariz empinado e cair na armadilha do ego de achar que somos superiores aos outros.

PERSONAL TRAINERS

Todos aqueles que nos ofendem são nossos *personal trainers*. Não para diminuir nosso percentual de gordura, mas para diminuir o nosso orgulho. Graças a essas pessoas, nosso orgulho é balançado. É claro que a nossa mudança não depende deles, mas sim de nós.

O que fazer quando nos sentimos ofendidos?

Temos duas opções:

Opção 1: ficamos bravos com o outro, brigamos, discutimos, "viramos a cara", pensamos "quem o outro acha que é?", e queremos que o outro mude para corrigir o problema;

Opção 2: refletimos: "poxa vida! Eu me ofendi, e se eu me ofendi, essa é uma fraqueza minha. O que posso fazer para transformar essa fraqueza numa força? O que posso fazer para que essas armadilhas se convertam em trampolins para o meu progresso? Se eu me ofendi, o problema está em mim".

Costumamos preferir a primeira ou a segunda opção?

Dica: a cada vez que nos sentirmos ofendidos, necessariamente não precisamos explodir com os outros e brigar. Se, por exemplo, minha esposa faz ou fala coisas que me desagradam, essas coisas não precisam culminar em brigas e em dias ruins.

Quando me sentir ofendido, eu simplesmente coloco um feijão numa garrafa vazia e agradeço a Deus pela oportunidade que estou tendo para o meu orgulho diminuir. É claro que é muito mais fácil controlar palavras e atitudes do que o pensamento. Por isso, que eu comece controlando minha fala e minhas ações.

Este treino também disciplinará o pensamento com o tempo. Mas caso eu não controle sequer palavras e atitudes, caso eu brigue, não mereço colocar o feijão na garrafa. Meu objetivo é que eu me controle e não brigue.

Ao final do primeiro ano, pode ser que eu tenha 300 feijões na minha garrafa (300 oportunidades benditas). Ao final do segundo ano, 200. Terceiro ano, 100. Qual o motivo de estar colocando menos feijões? É porque estarei me ofendendo menos. Aquilo que antes me ofendia, não me afeta mais.

Fazer isto tudo pode parecer que estou fugindo da batalha com o outro, mas a verdadeira batalha não é com o outro, mas sim comigo mesmo. Pode parecer que estou fugindo do problema. Mas e qual é o problema? Ah, é que em casa tem uma televisão: eu quero ver um programa; minha esposa, quer ver outro. Na verdade, o problema é o orgulho, porque nenhum dos dois quer ceder.

E podemos afirmar outra coisa: quando um casal briga para decidir o que assistir, o verdadeiro prazer não está tanto em assistir, mas em vencer a disputa. Isto devido ao nosso orgulho. Por que ficar disputando a unha coisas tão pequenas?

Entretanto, se, por um acaso, o maior desejo não seja saciar o orgulho, e do fundo de sua alma, você considera algo importante, coloque com assertividade seus argumentos, sem agressividade. Encontre os argumentos certos para convencer a outra pessoa, mas entre nesse diálogo de cabeça aberta.

SITUAÇÃO COMUM

Pense na seguinte situação: casal no carro, marido dirigindo e esposa no banco de carona. Poderia ser invertido. Poderia ser "n" variedades. Mas vou dar este exemplo.

O casal está indo para um compromisso e chegará em cima da hora. O marido está dirigindo e diz que tentará um caminho diferente, para ver se chegam antes. A esposa diz: "Melhor não tentar, vai que não dá certo..." O marido insiste. Contudo, o tal atalho não dá certo e eles chegam bem atrasados.

Se a mulher for orgulhosa, o que ela dirá para o marido? Ela dirá: "Eu avisei para você não tentar". E dirá isso quantas vezes? Uma? Dirá isso dezenas e dezenas de vezes. Por que ela fará isso se for orgulhosa?

Analisemos: em relação ao caminho, a mulher está certa e o marido errado. Então ela se aproveita da sua momentânea posição de superioridade para pisar no marido com a sua razão. Por isso ela não fala apenas uma vez. Ela fala várias vezes, saciando seu orgulho.

Se a mulher fosse humilde, o que ela diria? Não diria nada, até porque o marido sabe que errou. Ou diria: "Que pena que não deu certo, mas vamos chegar lá e nos divertir igualmente".

Vamos comentar sobre o marido agora. Se o marido ouviu as críticas reiteradas, e ele é orgulhoso, o que vai acontecer? Se é orgulhoso ele se ofenderá facilmente e os dois irão brigar. Essa é uma situação comum ou incomum? Um casal só briga quando há dois orgulhosos envolvidos.

Agora vamos supor que o marido seja humilde, e ele ouviu muita crítica por parte da mulher. O que o marido humilde faz? Primeiro que o humilde não se ofende. E então ele diz o que toda mulher adora escutar: "Você tem razão, meu amor", e vai mudar de assunto: "Escuta esta música... Olha essa paisagem". A mulher dirá outra vez que ele estava errado, e ele repetirá o processo. Dirá "Você tem razão, meu amor. Agora escuta esta música... Olha essa paisagem". Ele tentará mudar de assunto, porque não quer alimentar o fogo da discórdia.

* * *

Reflitamos sobre o nosso dia a dia. Como tropeçamos por nos ofender facilmente e por gostar de nos colocar acima dos olhos. Isso é o orgulho, que no fundo nos leva apenas para um lugar: o fundo do poço.

CAPÍTULO 6

MÁGOA

Quer complicar sua jornada? Deixe-se magoar.

Na palestra "A cura pelo perdão", Haroldo Dutra Dias conta a história de Chico Xavier e do seu cachorro. Esse cão possuía deficiência e por isso exigia uma atenção especial. Chico sacrificava-se para atendê-lo. Ele trabalhava o dia todo e, ao chegar em casa, ainda ficava cuidando do seu companheiro, dando-lhe comida, remédio e carinho.

Certa noite, Chico deparou o cãozinho muito doente. Parecia que só estava esperando a chegada de Chico para morrer." E depois de lhe dirigir um olhar triste, fez um movimento com a cauda e morreu. Chico enterrou-o no quintal da casa, depois de derramar muitas lágrimas.[4]

Anos depois, a irmã de Chico contou-lhe que o cãozinho na verdade fora envenenado por uma vizinha. "Ela tinha muita dó de vê-lo cuidando do cachorro todas as noites. E achou que sacrificando o cão iria aliviar tua rotina."

Chico não teve raiva da tal vizinha. Contudo, guardou uma grande mágoa.

---

4 Leia a história completa em *Chico, de Francisco*, de Adelino Silveira. **Nota do Revisor.**

Algum tempo depois, Emmanuel, o mentor espiritual de Chico, aparece para ele e lhe diz que sua amargura estava ultrapassando os limites da sua vida particular e começando a perturbar, inclusive, sua tarefa mediúnica. Chico pergunta o que deveria fazer, e Emmanuel recomenda que ele descobrisse o que aquela vizinha gostaria de ganhar como presente, e que Chico lhe desse esse presente.

Chico estranha a instrução do benfeitor. Afinal, o ofendido era ele, e mesmo assim Emmanuel pedia que ele presenteasse a vizinha. Então Emmanuel esclarece: "A receita não é minha; a receita é de Jesus".

Chico descobre que a vizinha sonhava com uma máquina de costura. Então, Chico compra a tal máquina. Ao entregar o presente, vê que ela estava radiante e lhe dá um forte abraço. Nesse instante, sentiu uma sombra desprender-se do peito, enquanto experimentava agradável bem-estar. Naquele instante, toda aquela nuvem de mágoa dissipava-se do coração de Chico, e ele prosseguiu com sua grandiosa tarefa.

A mágoa é característica daquele que não aceita algo que aconteceu e que não perdoa. Mágoa seria similar à má água, água podre, com gosto horrível. Quando tomamos uma má água, ela se acumula perto do coração e deixa o peito pesado. Chico ficou com o peito pesado. A sua vizinha obrigou-o a tomar aquela má água? Não. Ele tomou porque quis. Ficar magoado é dar poder aos outros para nos destruir. Mas que fique bem claro – os outros só nos destroem quando permitimos.

Ao nos sentirmos magoados, analisemos dois pontos: 1º) muitas vezes, o outro não teve intenção nenhuma de nos machucar; 2º) sempre que eu fico magoado, eu quero me machucar - quem sabe simplesmente para ver o outro rastejando pedindo desculpas para mim.

O pedido de desculpas do outro não está no meu controle. O que está no meu controle é desculpar, e isso eu posso fazer independentemente de qualquer pedido do outro. Para que sofrer com algo que não está sob meu controle? Ao exigir pedido de desculpa, estamos nos colocando acima do outro. Isso é orgulho - é pensar "Quem fulano acha que é para fazer tal coisa? Retrate-se!"

Liberte-se da mágoa, que só te faz sofrer. Ela não te traz nenhum benefício real. De preferência, compreenda, para nem sequer se ofender. Jesus disse: *Bem-aventurados os misericordiosos, porque eles alcançarão a misericórdia* (Mateus 5-7).

Misericórdia significa compaixão para com a miséria do outro, não só no sentido material, mas também no sentido espiritual. Isso é a verdadeira indulgência com a imperfeição alheia. Mas caso você tenha se ofendido, não se magoe - perdoe. Sentir mágoa é continuar acorrentado, sofrendo com coisas do passado. Sigamos a receita de Jesus - tudo o que ele recomenda visa a nossa libertação.

Papa Francisco diz: "O primeiro em pedir desculpas é o mais valente. O primeiro em perdoar é o mais forte. O primeiro em esquecer é o mais feliz." E nós somos valentes o suficiente para pedir desculpas? Somos fortes o suficiente para perdoar? Queremos ser felizes o suficiente para esquecer as ofensas? Ou ainda somos covardes, fracos e sedentos por infelicidade?

NÃO ACEITAR O INSULTO

Numa história de autor desconhecido, conta-se que um mestre estava na praça com seus discípulos, quando malfeitores se aproximaram. Eles começaram a xingar o mestre, atirar-lhe pedras, e o mestre permaneceu imóvel no meio da praça. O mestre não reagia. Seus discípulos pretendiam intervir, mas foram impedidos pelo mestre.

Sem obter reação alguma, os malfeitores se cansaram e foram embora. Nesse momento os discípulos questionaram o mestre: "Por que o senhor não reagiu aos insultos nem deixou que nós o fizéssemos?" E o mestre calmamente respondeu: "Se alguém lhe trouxer um presente e você não o receber, com quem fica esse presente? Nós não recebemos as ofensas, e eles tiveram que levá-las de volta".

E nós, aceitamos as ofensas que nos são oferecidas? Infelizmente, sim. Aceitamos muito lixo que nos oferecem e interiorizamos tudo isso. Bastaria não aceitar o presente, o que significa não se ofender com as coisas que vemos e ouvimos.

JOGAR FORA AS BATATAS

Porém, caso vacilemos e aceitemos os insultos, que possamos jogar fora as batatas quanto antes.

Conta-se que certa turma de uma escola tinha sérios problemas de disciplina. Por qualquer motivo, os alunos insultavam-se uns aos outros e não raro trocavam agressões. Os alunos viviam de cara virada um para o outro. E o professor dessa turma resolveu isto de uma forma muito didática. Ele pediu que os alunos trouxessem, no dia seguinte, uma sacola grande e batatas de variados tamanhos.

Os alunos, sem desconfiar qual seria a atividade, trouxeram o que fora solicitado. O professor pediu que separassem uma batata para cada colega de quem sentiam mágoa e escrevessem o nome desse colega na batata. O tamanho de cada batata deveria ser proporcional ao tamanho da mágoa que sentiam. Batata grande para mágoa grande. Batata pequena para mágoa pequena.

Quando os alunos começaram a colocar as batatas em suas sacolas, algumas delas ficaram bem pesadas. Então o professor passou a seguinte instrução: levar esta sacola em todos os lugares que fossem durante uma semana.

É óbvio que carregar a sacola durante uma semana tratou-se de um incômodo para cada aluno. O exercício valeu a pena. Todos perceberam que sentir mágoa é igual carregar uma sacola cheia de batatas para todos os lugares. É um peso desnecessário que carregamos. Sentir mágoa é sinônimo de sofrer, pois é horrível manter o rancor e a negatividade o tempo todo.

Os alunos perceberam isso em uma semana. E nós - como anda a nossa sacola de batatas, depois de muito sofrimento? Ninguém nos obriga a carregar esse peso. Carregamos porque queremos. E por consequência, sofremos porque queremos. Joguemos fora nossas batatas, esqueçamos as ofensas e sejamos felizes.

LEMBRAR DAS COISAS BOAS; ESQUECER AS RUINS

Amir e Farid eram muito amigos. Os dois mercadores sempre viajavam juntos, cada qual com suas mercadorias e seus empregados. Numa dessas viagens, Farid resolveu entrar no rio para refrescar-se, devido ao grande calor que fazia. Entretanto, num momento de distração, acabou sendo arrastado pela correnteza.

Amir, ao perceber o amigo em perigo, não hesitou e atirou-se no rio para salvá-lo. Farid ficou muito agradecido, e ordenou que um de seus empregados escrevesse numa pedra próxima: *Aqui, com risco de perder sua própria vida, Amir salvou o seu amigo Farid.*

A viagem continuou. Ambos realizaram seus negócios. Na volta, naquele mesmo local, Amir e Farid começaram a discutir por motivo banal e, com os ânimos à flor da pele, Amir esbofeteou seu amigo. Farid, calmamente, foi até próximo da margem do rio, pegou uma vara e escreveu na areia: *Aqui, por motivos tolos, Amir esbofeteou Farid.*

O empregado que escrevera antes, na rocha, questionou seu senhor:

– Antes me ordenaste que escrevesse na rocha. E agora... Na areia?

Farid respondeu que as coisas boas devem ser gravadas na pedra, a fim de que nos lembremos sempre delas. Coisas ruins devem ser escritas na areia, próximo à margem do rio, para que sejam apagadas e não nos lembremos da ofensa recebida.

RESSENTIR

O ressentimento é desencadeado quando o ego doente não admite o ocorrido, e ficamos remoendo milhares de vezes a mesma situação, não acreditando na possibilidade de que algo do nosso desagrado tenha acontecido.

Situações como brigar em casa ou no trabalho são ruins. Viver isso uma vez é ruim, mas viver isso milhares de vezes em nossa cabeça é pior ainda. É exatamente isso que fazemos em nossa mente. Sentimos por muito tempo o gosto amargo de um determinado episódio de nossas vidas. Aquilo "não desce". Ficamos ruminando, sentindo como se o episódio tivesse acontecido hoje pela manhã, quando na realidade aconteceu semanas, meses, anos ou décadas atrás.

Voltaire diz: "Quanto mais você pensar em seus infortúnios, mais poder terão eles para magoá-lo".

Se nos sentimos mal ao relembrar de algo, por que pensar nesse episódio de forma fixa o tempo todo? Jason de Camargo diz: "A mágoa é como um espinho cravado dentro do indivíduo. Enquanto não for retirado, ele produzirá o sofrimento".

Aprendamos com Farid: coisa boa deve ser lembrada; coisa ruim deve ser esquecida. Já sofreu. Para que sofrer mais?

CAPÍTULO 7

REVOLTA

Quer complicar sua jornada? Revolte-se.

Imagine a situação: precisamos que um certo fornecedor nos preste um serviço. Só que o resultado do serviço dele ficou péssimo. Como ficamos? - Revoltados.

Então combinamos com ele dia e horário para que refaça o trabalho.

Só que chega dia e horário combinado e ele não aparece. Como ficamos? Revoltados ao quadrado. Então pegamos o celular e ligamos para ele. Toca uma vez, duas, e ele rejeita a ligação. Como ficamos? Revoltados ao cubo.

Adianta ficar revoltado? Não adianta nada. Por dois motivos: primeiro, revoltados ficamos de cabeça quente, e de cabeça quente ninguém faz nada bem feito. Ninguém resolve nada. Ninguém soluciona nada adequadamente. Segundo, a revolta faz nosso padrão vibratório abaixar. E assim estabelecemos afinidade vibratória com que tipo de espírito? Com aqueles que querem atrapalhar e perturbar ainda mais.

Visto isto, você pode estar pensando: "Mas então eu não posso discordar de nada?"

Você pode discordar do que você quiser, desde que seu padrão vibratório não abaixe com isso. Não adianta querer resolver as coisas na base da revolta.

OS MANSOS

Jesus disse: *Bem-aventurados os mansos, porque eles herdarão a Terra.* (Mateus 5-5.)

O manso é forte ou é fraco? O manso é forte, pois ele se domina. Contudo, no mundo ilusório em que vivemos, cujos valores são invertidos, ele é tido como fraco.

Aquele que se revolta é fraquíssimo, pois não controla suas próprias más tendências. Neste mundo ilusório, o revoltado é tido como o "fortão". Basicamente, muitas pessoas são assim: "ou é do meu jeito, ou eu me revolto".

REFLEXÃO

E cada um de nós tem seu calcanhar de Aquiles, isto é, um ponto fraco - determinadas coisas que fazem nosso sangue ferver. Para uns é fila, para outros é congestionamento, para outros é receber um não; para outros é ver seu time perder, para outros é ver notícias de corrupção, para outros é a lentidão daqueles que os rodeiam. Cada pessoa tem o seu ponto fraco, isto é, uma irritação exacerbada diante de certas situações, de tal modo que, quando sobrevém alguma situação do tipo, isso lhe desperta revolta na hora.

Para refletir: 1) quem disse que isso é um ponto fraco? Eu mesmo, eu que elegi; 2) quem disse que é um ponto fraco grandioso? Eu mesmo, eu que determino o tamanho, dependendo de quanto eu quero me afundar nesta questão e sofrer.

A revolta nada mais é do que o produto final da minha fraqueza. Paremos de eleger coisas da vida como "pontos fracos". Não nos afundemos por besteiras. Elegeu que congestionamento faz você ficar revoltado? Faça um favor para você e "deseleja" isso urgentemente.

CAPÍTULO 8

CULPA

Quer complicar sua jornada? Afunde-se na culpa.

FASES DA NOSSA IMPERFEIÇÃO

Podemos estabelecer as seguintes fases no processo de evolução:

1ª fase A da ignorância: a pessoa erra e nem percebe que errou. Não se recrimina por nada, até porque não enxerga ofensa ou erro algum.

2ª fase A da terceirização: começa a perceber o erro, mas pensa que nunca é culpa sua - a culpa é sempre de algo ou alguém. Este tipo de pessoa não sabe o que é pedir desculpa. Num presídio, muitos que estão lá não se culpam por coisa alguma. Se fizeram algo de errado, é sempre devido a algo ou alguém.

3ª fase A da culpa: a pessoa percebe seu erro, sabe que é culpada, mas, por comodismo e por masoquismo, prefere viver o remorso do que agir para corrigir o que fez de errado.

4ª fase A do esforço para corrigir: pessoa erra, sabe que errou, mas age para tentar corrigir a situação e "colocar tudo novamente nos trilhos".

5ª fase A fase de não errar mais.

Em qual dessas fases nós nos encontramos? Talvez, de acordo com o contexto, possamos estar variando. Dependendo da situação, terceirizamos a culpa; dependendo, sentimos culpa; dependendo, nem percebemos. O que nós precisamos é nos disciplinar para nos estabilizarmos na 4ª e na 5ª fase. Depois de muita disciplina, agindo para consertar nossos erros, conseguiremos acertar de forma natural.

E PARA QUEM PERCEBEU QUE ERROU

Aquele que errou e está arrependido, não desanime. Se eu tenho um balde de água suja, e começo a colocar água limpa nele, em algum tempo a água deste balde estará cristalina. Aprendamos as lições com os erros do passado, mas para corrigi-los é preciso agir hoje.

Chico Xavier tem uma frase memorável que encerra esta questão: "Embora ninguém possa voltar atrás e fazer um novo começo, qualquer um pode começar agora e fazer um novo fim".

CAPÍTULO 9

ANSIEDADE

Quer complicar sua jornada? Afunde-se na ansiedade.

A pessoa ansiosa transforma em realidade dentro de sua cabeça todos os seus piores medos.

Se eu fico sabendo que dentro de sete dias irão demitir alguns funcionários da empresa em que eu trabalho, automaticamente já pressuponho que eu serei um deles. E tudo que acontece durante a semana me leva a crer mais firmemente nisso. Não importa como falem ou como olhem, isso reforçará minha convicção.

Como passarei a semana? Péssimo. Meu rendimento irá cair. Eu deveria simplesmente continuar dando o meu melhor pela empresa, mas meu rendimento cai na pior hora possível. Ao fim dos sete dias alguns funcionários são demitidos, mas eu continuo na empresa. Eu não sou demitido.

Reflitamos: por quantos dias estive despedido? Estive despedido por sete. Isso tudo porque transformei meus piores medos em realidade, antes mesmo que eles se tornassem realidade.

SOFRIMENTO

A pessoa ansiosa quer consertar algo que nem problema é. A pessoa ansiosa sofre por antecipação.

Planejar o futuro é positivo. O que não pode é sofrer pelo futuro, com constante preocupação e medos irracionais. A pessoa ansiosa perde tempo, perde energia e, muitas vezes, nada daquilo acontece. Pesquisas apontam que 90% das coisas que nos preocupam não chegam a concretizar-se. Este é um número bastante significativo. Libertemo-nos da ansiedade que só nos faz sofrer.

CAPÍTULO 10

A RAIVA E O ÓDIO

Quer complicar sua jornada? Sinta raiva. Sinta ódio.

A diferença entre raiva e ódio é a seguinte: sabe quando você leva uma fechada no trânsito? Se você vacilar, irá sentir raiva - é um sentimento negativo ali naquele momento, e depois passa. Sabe quando alguém tenta destruir um projeto seu, algo que você vem tentando construir por um bom tempo? Se você vacilar, irá sentir ódio - um sentimento negativo mais profundo, mais difícil de esquecer.

Tanto a raiva como o ódio nos fazem muito mal. Em ambos os casos, nos machucamos pelo erro de uma outra pessoa. Quem erra é o outro, mas, por interiorizar a situação de forma inadequada, quem sofre sou eu.

O PROBLEMA ESTÁ EM MIM

Quando sentimos raiva ou ódio o problema não está no outro: o problema está em mim, não importa quem seja ou como aja a outra pessoa. Precisamos ser indulgentes com a imperfeição alheia e sentir piedade, não cólera. Sempre que sentirmos raiva ou ódio, temos um momento bem interessante para olhar para dentro de nós, refletir sobre nossa fraqueza e praticar o autoconhecimento.

CÓLERA

Sabe aqueles momentos de raiva e de ódio? Aqueles momentos em que a cólera toma conta da gente? Sem dúvida, se pudéssemos nos assistir, iríamos sentir vergonha.

Um espírito protetor nos alerta em *O Evangelho segundo o Espiritismo* que, se refletirmos sobre a origem desses acessos de demência que nos fazem perder a razão e agir exclusivamente por instinto, nos depararemos com o orgulho ferido. Até mesmo as simples impaciências nossas de cada dia são causadas pelo nosso orgulho.

RAIVA E ÓDIO LEVAM AO OLHO POR OLHO, DENTE POR DENTE

Voltemos ao exemplo da fechada no trânsito. Fiquei com raiva e pensei: "Quem o outro acha que é para me dar uma fechada? Eu vou acelerar e vou dar uma fechada nele, para que assim ele aprenda!"

Este tipo de pensamento é o famoso "olho por olho, dente por dente". E o revidar nos levará ao arrependimento.

É MELHOR MAGOAR OU SER MAGOADO?

Reflitamos sobre isso. Se tivéssemos que escolher apenas uma dessas alternativas, o que escolheríamos?

Chico Xavier tem outra frase belíssima: "Fico triste quando alguém me ofende, mas, com certeza, eu ficaria mais triste se fosse eu o ofensor... Magoar alguém é terrível."

A pessoa que fica com raiva ou ódio pratica o "olho por olho, dente por dente" e se vinga. Essa pessoa sente-se magoada e tenta magoar o outro também - julga isso ser justo. Quantas vezes somos feridos e acabamos por ferir muito o outro? Não podemos fazer nada com a cabeça quente, pois com isso podemos fazer e falar coisas terríveis. Aí, depois, vem o arrependimento.

DISTÂNCIA DO CORAÇÃO

A raiva e o ódio são típicos de quem não compreende os outros. O fato do outro ser diferente não deveria ser motivo para sentirmos raiva ou ódio. Refletindo sobre isso, raiva e ódio nada mais são do que falta de empatia, de me colocar no lugar do outro.

Um exemplo interessante poderia ser o seguinte: eu compreenderia a fechada se por um acaso esse motorista fosse a minha mãe? Claro que sim. E por ser um desconhecido posso ficar com raiva? Claro que não. Para praticar a empatia é preciso ver de perto. Você só consegue perceber quem são as pessoas, quando se aproxima mais do coração delas. Ninguém tem empatia olhando os outros de longe.

Que possamos aprender a praticar a empatia naturalmente através do amor, e não através da dor que a raiva e o ódio me proporcionam. Tem uma frase de autor desconhecido que diz: "Quando a gente não sabe se colocar no lugar do outro, a vida coloca a gente lá para aprender na prática."

Se hoje estamos sentindo raiva e ódio de alguém, precisamos urgentemente nos aproximar do coração dessa pessoa. Mas se essa pessoa não nos quiser por perto? Então comecemos orando por ela, desejando o melhor para ela e emitindo vibrações positivas. A distância entre duas pessoas é relativa. Que nós possamos estar próximos dos outros, independentemente de como os outros se sintam em relação a nós.

* * *

O ideal é não se afetar, através da compreensão, mas, caso eu me afete e sinta raiva ou ódio, que rapidamente eu perdoe.

CAPÍTULO 11

MEDO

Quer complicar sua jornada? Sinta medo.

O medo é típico da pessoa que não tem fé. No livro *Agenda cristã*, André Luiz nos diz: "Sem esperança, suas noites terrestres serão mais escuras." É preciso ter fé.

Do que temos medo? Da morte?

Mas ela não existe! Precisamos ter fé na imortalidade da alma.

Temos medo de perder as coisas?

Se nós podemos perder, é porque de fato não possuímos. Precisamos ter fé nos tesouros que a ferrugem não consome, a traça não corrói e o ladrão não rouba.

Temos medo de perder o controle?

Só controlamos a nós. Qualquer coisa externa não controlamos. Podemos até ter influência, mas não temos controle.

Temos medo de mudar?

Quem disse que mudar é ruim? Precisamos criar coragem e sair do nosso comodismo.

Não façamos do medo mais um peso que atrapalha a nossa vida.

CAPÍTULO 12

INVEJA

Quer complicar sua jornada? Sinta inveja.

Somos tão egoístas que quando vemos os outros se dando bem, sentimos inveja. A inveja é desencadeada pelo ego adoecido que não admite o triunfo alheio. A pessoa invejosa chega a ponto de adulterar a qualidade do objeto querido, já que não consegue suportar que outro o possua.

Fulano comprou um carro: "Também... Em 60 parcelas, até eu!" Beltrano vai se casar: "Quero só ver quanto tempo vai durar". Sicrano arrumou um emprego: "Ih, mas aquela firma paga tão pouco..."

Pensamentos como estes revelam o quão invejosos somos e como ficamos amargurados com a alegria alheia.

Quando o triunfo alheio nos causar inspiração, estaremos no caminho para nos tornar pessoas melhores.

CAPÍTULO 13

CIÚME

Quer complicar sua jornada? Sinta ciúme.

Muitos dizem que aquela pessoa ciumenta ama demais o seu objeto amado. Como assim "objeto amado"? Infelizmente nos dias de hoje é possível perceber uma inversão de valores em nossa sociedade onde se ama coisas e se usa as pessoas. Isto está errado! O correto é amar pessoas e apenas usar as coisas.

Muitos dizem que a pessoa ciumenta ama demais o outro. Pierre Corneille diz: "O ciúme, que parece ter por objeto apenas a pessoa que amamos, prova que na verdade amamos somente a nós mesmos." Isto significa que o ciumento ama demais a si mesmo, evidenciando ainda mais o seu egoísmo.

3ª PARTE

O QUE É NECESSÁRIO PARA UMA VIDA NOVA

CAPÍTULO 14

SIGA JESUS, ELE ILUMINA O CAMINHO

Na questão 625 de *O Livro dos Espíritos*, Kardec questiona: *Qual o tipo mais perfeito que Deus tem oferecido ao homem para lhe servir de guia e modelo?* E a resposta é: – Jesus.

JESUS ORIENTA, MAS NÃO OBRIGA

Jesus é como o GPS, que nos orienta o melhor caminho, mas não nos obriga a segui-lo. Quantas vezes, dirigindo, desobedecemos a sugestão do aplicativo, que, no ato, recalcula a rota?

Com Jesus acontece o mesmo. Ele respeita o nosso livre-arbítrio. Entretanto, livre-arbítrio exige responsabilidade, visto que tudo que eu semear irei colher. A semeadura é livre, mas a colheita é obrigatória. Aproveitemos os ensinamentos de Jesus para uma melhor semeadura.

JESUS ILUMINA O CAMINHO

Se nós não seguimos os ensinamentos de Jesus, nosso caminho é escuro. Fica muito mais fácil tropeçar, cair, errar a rota e padecer. Se nós seguimos os ensinamentos de Jesus, nosso caminho é claro.

Nesse caminho claro haverá obstáculos?

Logicamente que sim, mas com um caminho claro é muito mais fácil enxergar o obstáculo, superá-lo e seguir adiante. Fica mais fácil avançar.

JESUS E A SALVAÇÃO

Na época em que Jesus nasceu, os judeus esperavam o Messias (o ungido de Deus, o salvador): aquele que faria uma revolução e libertaria o povo do cativeiro romano, conquistando o poder ilusório.

Jesus fez uma revolução sim, mas diferente. Para um povo que usava a lei de talião, ele ensinou a lei do amor. O intuito de Jesus não era libertar os judeus do jugo romano, mas dar às pessoas o consolo e a certeza da vida futura, para que soubessem resignar-se à opressão. Ou seja, Jesus trazia a paz espiritual. Ele iluminou os caminhos para a vitória maior, a vitória sobre nós mesmos.

JESUS E A CONSTRUÇÃO INTERNA

Jesus ensinou a construção interna, que é muito mais difícil. Entretanto, nós optamos pela construção externa, construindo igrejas suntuosas, o que é muito mais fácil. Enxergamos Jesus como alguém para ser adorado (externo). Isso é para acomodados e preguiçosos. Jesus deve ser visto como modelo e guia (o que sugere mudança interna da nossa parte). Não adianta cuidar com rituais (aspectos externos), se aqui dentro imperam os defeitos. A construção é interna, e nós teimamos em não querer enxergar isso.

Desde a sua crucificação, o tempo passou e muita coisa foi deturpada. A figura de Jesus foi descaracterizada e ele se tornou um ícone religioso. Construímos grandes e luxuosos templos de pedra para adorá-lo. Com isso acreditou-se que seguir Jesus é adorar a sua imagem, perdendo-se a ideia de Jesus como modelo.

E nós somos adoradores da imagem de Jesus, e cremos que tudo que ele ensinou é maravilhoso e correto, mas não praticamos nada? Ou nós temos Jesus como referência, e nos esforçamos para colocar em prática seus ensinamentos? O que Jesus é para nós: ícone religioso ou modelo de conduta?

PUXADA DE ORELHA 1

Nós já conhecemos Jesus? Sim, conhecemos. Nós já conhecemos os seus ensinamentos? Sim, conhecemos. E aliás, concordamos com eles. Praticamos? Está aí o problema. Chamamos Jesus de Mestre, de Senhor, mas não somos verdadeiramente seus discípulos. Lemos o Evangelho e achamos tudo muito bonito. Isso é exatamente como sentar no início de uma estrada e ficar admirando a placa que aponta a direção de determinado destino. Apenas admirar a placa não nos auxiliará em nada. Não nos fará progredir. É preciso trilhar o caminho.

Só acreditar não é suficiente? Não.

Allan Kardec nos diz que: *...De nada adianta crer, se a crença não faz com que dê um passo adiante na via do progresso, e não o torne melhor para o próximo.*

Existem dois remos - o remo chamado acreditar e o remo chamado agir. Se eu apenas acredito, é como se remasse apenas com um dos lados, e fico dando voltas e voltas sem sair do lugar. Apenas é possível ir para frente se usar os dois remos - acreditar e agir.

PUXADA DE ORELHA 2

Muitas vezes ficamos na dúvida de como devemos agir. Não sabemos se seguimos pelo caminho da porta larga ou o caminho da porta estreita. Jesus disse: *Conheça a verdade e a verdade vos libertará.* A verdade é capaz de nos libertar inclusive destas dúvidas de como agir. A pessoa com fé verdadeira não titubeia. Sabe o que é o melhor a ser feito e faz.

E a nossa fé... É verdadeira?

Se fôssemos a um país distante, do qual não conhecêssemos nada e não falássemos o idioma, iríamos precisar de ajuda. Iríamos precisar de um guia, que nos apontasse os melhores roteiros, onde poderíamos nos hospedar e onde poderíamos fazer as refeições. Se nós confiássemos nesse guia, seguiríamos suas recomendações? A resposta é sim. Jesus é esse guia. Ele nos fornece orientações do que fazer. Nós confiamos em Jesus?

Se estivéssemos doentes e fôssemos ao médico, ele nos prescreveria o melhor a ser feito. Se confiássemos no médico, seguiríamos sua receita. Nossa alma está doente e Jesus é o médico. Ele nos deu a receita para a nossa cura. Nós confiamos em Jesus? Nós somos o doente com a posse do remédio. O remédio está a nossa disposição, mas nós optamos por não tomá-lo.

A quem muito foi dado, muito será exigido. Quanto maior o nosso conhecimento, maior também é a nossa responsabilidade.

Aquele que conhece os ensinamentos de Jesus e no mínimo se esforça para colocar em prática, pode ser considerado cristão. Já aquele que nem sequer se esforça para colocar em prática os ensinamentos de Jesus, é cristão apenas de rótulo, apenas de fachada.

* * *

No livro *Pontos e contos*, do Irmão X, psicografia de Chico Xavier, temos a história "O discípulo de perto", em que podemos refletir sobre a ação do cristão verdadeiro e do cristão de fachada.

Conta-se que Efraim soube que Jesus seria o Messias e que libertaria o povo oprimido. Jesus consolava e curava.

Efraim imaginou que Jesus tomaria o poder e que iria distribuir cargos, vantagens e privilégios para aqueles mais próximos. Sonhando com valores ilusórios, disse para Jesus:

– Senhor! Aceita-me por discípulo, quero seguir-te, igualmente, mas desejo um lugar mais próximo de teu peito compassivo! Venho disputar-te o afeto, a companhia permanente! Pretendo pertencer-te, de alma e coração.

Jesus sorriu e respondeu:

– Tenho muitos seguidores de longe; aspirarás, porventura, à posição do discípulo de perto? O discípulo de longe pode crer e descrer, divulgando a verdade e esquecendo-a; o discípulo de perto empenhará a própria vida na divulgação da verdade; o de longe dispõe de recursos para ficar com raiva e ferir; o de perto sempre terá paciência para compreender e ajudar; o de longe vai querer ter, ter e ter; o de perto encontrará o prazer em ajudar sem interesse algum; o de longe somente encontra alegria nas coisas da matéria; o de perto sabe o real sentido da vida; o de longe padecerá muitos melindres; o de perto vai se encher de força para perdoar e recomeçar, quantas vezes se fizerem necessárias; o de longe não cooperará sem honras; o de perto servirá com humildade. Aceitarás, mesmo assim?

Efraim refletiu um pouco e disse que iria à Casa de Deus agradecer e voltaria em uma hora, mas não voltou mais. Efraim não voltou porque o que ele queria era do mundo da ilusão. E Jesus oferece apenas as coisas do mundo da realidade.

Nós queremos ilusão ou realidade? Se queremos a realidade, que arregacemos as mangas e sejamos discípulos de perto.

CAPÍTULO 15

VOCÊ PODE!

BASTA ESFORÇO E VONTADE

> Todo aquele, pois, que escuta estas minhas palavras, e as pratica, assemelhá-lo-ei ao homem prudente, que edificou a sua casa sobre a rocha. E desceu a chuva, e correram rios, e assopraram ventos, e combateram aquela casa, e não caiu, porque estava edificada sobre a rocha. E aquele que ouve estas minhas palavras, e não as cumpre, compará-lo-ei ao homem insensato, que edificou a sua casa sobre a areia. E desceu a chuva, e correram rios, e assopraram ventos, e combateram aquela casa, e caiu, e foi grande a sua queda. **(Mateus 7:24-27.)**

Se nós conhecemos os ensinamentos e não praticamos, estamos construindo nossa casa na areia. É uma casa que não ficará de pé. Virá o vento, a chuva, o rio transbordará e essa casa desmoronará. Nós desmoronaremos. Isso porque não há base firme.

Analisemos o que Jesus nos ensina: amar os inimigos, fazer aos outros somente o que desejamos para nós mesmos, desprendimento dos bens terrenos, benevolência para com todos, perdão, indulgência com as imperfeições alheias, resignação, entre tantos outros ensinamentos. Nós concordamos com tudo isso. Sabemos tratar-se do caminho correto. Não podemos alegar ignorância. Nosso problema não é falta de conhecimento. Nosso problema é comodismo.

O QUE FAZER?

Na carta aos Gálatas (2:20) Paulo escreve: *Não sou mais eu que vivo, é Jesus que vive em mim.* E quão próximo está Jesus de viver em nós? Analisemos o que fazemos, o que falamos, o que pensamos, o que assistimos etc. Jesus está perto ou está longe de viver em nós?

Na carta aos Efésios (4:22) Paulo escreve: *Vos despojeis do velho homem, que se corrompe segundo o desejo do engano, e vos revistais do novo homem.*

Velha pessoa é aquela que carrega ainda muitos defeitos, muitos vícios. Nova pessoa é aquela que já possui muitas virtudes despertas. Nós, hoje, já somos uma nova versão de nós mesmos, ou ainda somos uma velha versão. Muitas vezes, cometemos os mesmos erros, dia após dia, ano após ano e, quem sabe, encarnação após encarnação – é a velha pessoa trabalhando ainda. Os cenários mudam, os contextos mudam, mas dentro de nós tudo continua igual.

Na carta aos Romanos (7:19) Paulo escreve: *Porque não faço o bem que prefiro, mas o mal que não quero, esse faço.*

Todos concordamos em que os ensinamentos de Jesus estão corretos, mas apesar disso não praticamos na maior parte das vezes. Por quê?

Como fazer para que Jesus viva em mim? Como fazer para que a nova versão de mim comece a trabalhar? Como fazer para praticar o bem que prefiro?

Na questão 909 de *O Livro dos Espíritos* Kardec pergunta:

O homem poderia sempre vencer suas más tendências pelos seus esforços?

E o detalhe desta pergunta é a palavra *sempre*. Não é às vezes, não é de vez em quando, não é quando é conveniente para mim, ou interessante para mim. É em todos os momentos – seja nos momentos de adversidade ou seja nos momentos de bonança.

E a resposta é um grande puxão de orelha para todos nós. Resposta: *Sim, e algumas vezes com pouco esforço; é a vontade que lhe falta. Como são poucos dentre vós os que se esforçam!*

Será que não podemos nos esforçar mais para sermos pessoas melhores? Será que nossa vontade de mudar não poderia ser maior?

Certa vez um homem procurou um sábio para saber como vencer as más tendências. O sábio simplesmente o pegou pelo pescoço e mergulhou sua cabeça numa tina cheia de água.

Passaram-se alguns segundos e o homem tentou tirar a cabeça. O sábio não deixou. Quanto mais força o homem fazia para tirar a cabeça de dentro da água, mais força o sábio fazia para segurar.

O homem foi ficando arroxeado, e então fez muita força para tirar a cabeça, mais do que o sábio conseguiu fazer para segurar. Com isso conseguiu tirar a cabeça de dentro da água.

O homem secou seu rosto, se refez e pediu para que o sábio lhe explicasse o que fora tudo aquilo.

O sábio respondeu: "Quando tua vontade de tirar a cabeça de dentro da água foi maior que a minha vontade de segurar, você conseguiu tirar a cabeça. Quando tua vontade de vencer tuas más tendências for maior que tuas más tendências, você as vencerá."

Por exemplo: hoje, meu ciúme é grande e minha vontade de vencê-lo é pequena – não vencerei o ciúme. Se minha vontade de vencer o ciúme for maior do que ele, com certeza conseguirei vencê-lo. Esforço e vontade são a chave para nossa mudança.

E como anda nossa vontade e o nosso esforço para de fato seguir Jesus?

CAPÍTULO 16

A REFORMA ÍNTIMA NA PRÁTICA

A reforma íntima consiste num ciclo de três passos: 1) autoconhecimento; 2) transformar vícios em virtudes; 3) prática do bem para se tornar uma pessoa de bem.

AUTOCONHECIMENTO

Na pergunta 919 de *O Livro dos Espíritos* temos a seguinte questão:

Qual o meio prático mais eficaz que tem o homem de se melhorar nesta vida e de resistir à atração do mal?

E a resposta:

Um sábio da Antiguidade já o disse: Conhece-te a ti mesmo.

Ao nos conhecer é possível melhorar a nós mesmos e vencer nossas más tendências.

Apenas o autoconhecimento basta? É claro que não. Mas ao nos conhecer, fica mais fácil dar os passos seguintes rumo à reforma íntima. Aquele que não se conhece é o que "dorme espiritualmente", que nem sequer percebe o que precisa mudar.

Santo Agostinho nos diz que o conhecimento de si mesmo é a chave do progresso individual. Quando esteve encarnado, ao colocar a cabeça no travesseiro, ele passava em revista todos os fatos do dia e avaliava as próprias atitudes. "Como foi o meu dia? O que fiz de bom, o que fiz de ruim? Quanto bem deixei de fazer? E o que poderia fazer para melhorar no dia seguinte?"

Santo Agostinho (veja questão 919 de *O Livro dos Espíritos*) diz que fazia isso todas as noites. E nós? Fazemos uma reflexão como essa todo dia? Toda semana? Todo ano? Tem gente que passa uma encarnação inteira sem questionar a própria consciência: "O que eu poderia fazer para ser uma pessoa melhor?"

Se eu não interrogo minha consciência e procuro me conhecer, não tenho a chave que abre a porta do meu progresso.

Dica para nos conhecermos: façamos uma análise diária dos próprios atos, assim como fazia Santo Agostinho.

TRANSFORMAR VÍCIOS EM VIRTUDES

A partir do momento que conhecemos nossas limitações, nossos defeitos e nossos vícios, podemos varrer para debaixo do tapete e fingir que não os temos, e continuar com nossa vidinha. Ou, então, podemos nos esforçar para transformar cada limitação em potencial, cada defeito em qualidade e cada vício em virtude. Com certeza a segunda opção é a mais adequada para a nossa reforma íntima. Mas, e como fazer isso?

Na questão 913 de *O Livro dos Espíritos* temos a seguinte pergunta:

Entre os vícios, qual se pode considerar o pior?

E a resposta: *Temo-lo dito muitas vezes: o egoísmo. Daí deriva todo o mal. Estudai todos os vícios e vereis que no fundo de todos há o egoísmo.*

Não importa qual seja o vício, sua origem é o egoísmo. Raiz da inveja? Egoísmo. Raiz do ciúme? Egoísmo. E assim por diante. Ainda nessa questão, é dito que combateremos inutilmente qualquer vício se não atacarmos o mal pela raiz. E a raiz é o egoísmo. É ele que precisamos atacar.

Na questão 917 de *O Livro dos Espíritos*, Kardec pergunta qual o meio de destruir o egoísmo. E a resposta: *O egoísmo se enfraquecerá com a predominância da vida moral sobre a vida material.*

Ou seja, quanto mais materialista eu for, mais egoísta serei. Quanto mais egoísta eu sou, mais fortes os seus tentáculos, que são a vaidade, o ciúme, a inveja etc. Quanto mais funda é a raiz dos meus males, mais difícil será extirpar os vícios e convertê-los em virtudes.

Seguindo a mesma lógica, quanto menos materialista eu for, menos egoísta serei. Quanto menos egoísta eu for, menos profunda a raiz dos meus males. E assim, mais fácil será extirpar a raiz e evitar o desenvolvimento de outros males. E será menos penosa a tarefa de transformar vícios em virtudes.

Dica para transformar vícios em virtudes: diminuir o nosso materialismo.

PRÁTICA DO BEM PARA SER UMA PESSOA DE BEM

A Providência Divina é pródiga nas chances que nos concede a fim de que nos tornemos pessoas melhores. O tempo inteiro temos oportunidades no nosso dia a dia para praticar ser uma pessoa de bem. É em casa, é no trânsito, é no trabalho, é no mercado, é no colégio etc. Se colocarmos na ponta do lápis, chegam às centenas diariamente.

Dica para praticar ser uma pessoa de bem: esforço e vontade.

CAPÍTULO 17

CUIDE DOS PENSAMENTOS

O que consome nossa mente, controla a nossa vida. Por isso precisamos cuidar e vigiar os nossos pensamentos.

OS MONGES

Numa história de autor desconhecido relata-se que em um monastério viviam dois monges que eram muito amigos e sempre cumpriam seus afazeres juntos. Esses monges não podiam tocar em mulher. Certo dia, no caminho para a cidade, onde comprariam mantimentos, eles depararam uma mulher que estava com dificuldades para atravessar o rio que dava acesso ao vilarejo, e que se encontrava agitadíssimo.

Um dos monges disse: "Não podemos ajudá-la. Fizemos voto de que não poderíamos tocar em mulher alguma".

O outro monge replicou: "Também fizemos voto de ajudar a todas as pessoas e criaturas deste mundo, sem fazer distinção".

Então, este mesmo monge ajudou a mulher, deixando-a na outra margem.

Os dois monges seguiram caminho e durante a jornada houve uma grande pausa na conversação dos mesmos.

Logo o silêncio foi interrompido pelo monge que era contra a ideia de ajudar: "Você não devia tê-la tocado, ela vai ser um peso para sua caminhada!"

O outro sabiamente respondeu: "Eu deixei a mulher na outra margem do rio. No entanto, você é quem continua carregando a mulher na sua caminhada."

Por vezes temos problemas. Levamos os problemas para casa, tomamos banho com ele, dormimos com ele. Por vezes carregamos a culpa. Por vezes é a preocupação. Quem gostamos de "levar a passear"?

Quando brigamos com alguém, continuamos brigando com a pessoa por muito tempo em nossa mente. Se nos desentendemos com o nosso chefe, nesse dia ele irá para casa conosco. Simbolicamente, precisamos deixar a mulher na margem do rio e seguir, como fez o monge bondoso.

PREOCUPAÇÕES

Quando a pessoa fica preocupada, ela inventa mil diálogos trágicos em sua cabeça, fica ansiosa e sofre por antecipação. Tudo isso não leva a nada e contribui para que abaixe o padrão vibratório, estreitando sintonia com espíritos que querem apenas perturbar, deixando a solução do problema ainda mais distante.

De repente estou vendo um filme com minha esposa e remoendo certos problemas. Primeiro: estou deixando de aproveitar o filme e o momento com a esposa. Segundo: a revolta me afasta da solução e apenas me aflige.

Se desejamos uma solução real para um problema, devemos orar, e assim iremos elevar nosso padrão vibratório, podendo receber com mais facilidade a ajuda de espíritos benfeitores. E quando vier uma ideia boa para a solução de meus problemas, passo a me concentrar na solução, em vez de me concentrar no problema.

DESPERDÍCIO DE TEMPO

Suponhamos que você tenha R$ 86.400,00. Alguém vem e te rouba R$ 10,00. A pessoa some. Esqueça, você perdeu R$10,00. Aí você tem duas opções: 1) ficar com os R$ 86.390,00; 2) largar mão de tudo, já que você perdeu R$ 10,00.

Todos responderiam preferir a primeira opção e que não faz sentido algum a segunda. Todavia, esta é a opção que mais escolhemos. Todos temos 86.400 segundos por dia. Por vezes alguém vem e, em 10 segundos, faz algo que nos decepciona. Em vez de aproveitar os outros 86.390 segundos, preferimos passar o dia inteiro pensando naquilo de ruim que nos foi feito, desperdiçando todo o nosso tempo. Preste atenção aos seus pensamentos ou eles irão te devorar.

* * *

O que anda dominando nossos pensamentos? Reflitamos sobre isso e pratiquemos o autoconhecimento.

É difícil educar nossos pensamentos? É. Mas lembremos: o que consome nossa mente controla a nossa vida. Que o que consuma nossa mente esteja ligado à positividade e ao progresso, e nossa vida se tornará muito melhor.

4ª PARTE

QUER FACILITAR SUA JORNADA?

EIS O CAMINHO...

CAPÍTULO 18

CARIDADE

Quer facilitar sua jornada? Seja caridoso.

Resumidamente, nós temos dois caminhos em nossa vida: o egoísmo e a caridade. Seguindo pela trilha do egoísmo sentiremos vazio existencial. Seguindo pela trilha da caridade sentiremos paz interior. E o que nós estamos sentindo hoje: vazio existencial ou paz interior? Respondendo esta questão, saberemos que tipo de vida estamos tendo hoje.

O QUE É CARIDADE?

No capítulo XV de *O Evangelho segundo o Espiritismo*, Kardec diz: *Não podendo amar a Deus sem praticar a caridade para com o próximo, todos os deveres do homem se resumem nesta máxima: fora da caridade não há salvação.*

Reflitamos que é na caridade que se encontra nossa salvação, e por isso precisamos saber exatamente o que é caridade.

Muitas pessoas compreendem a caridade apenas sob o aspecto material. Pensam que caridade é o ato de dar o pão, dar a cesta básica ou dar o agasalho. Se eu fizer isso com amor, é caridade. Mas a caridade é muito mais ampla do que isto.

Na questão 886 de *O Livro dos Espíritos*, Kardec pergunta aos espíritos superiores como Jesus entendia a verdadeira caridade. Jesus é o tipo mais perfeito que Deus ofereceu ao homem para nos servir de guia e modelo. E para o nosso guia e modelo, a caridade caracteriza-se por três pontos:

a) Benevolência para com todos - fazer o bem sem olhar a quem. Não importa se nos tratem bem ou mal, se tenham *status* ou não.

b) Indulgência com as imperfeições alheias - cientes de que todos nós estamos numa marcha evolutiva (uns estão mais atrasados e outros estão mais adiantados), mas todos nós, sem exceção, estamos em processo de aprendizado. E aquele que estiver mais adiantado, precisa ter respeito, paciência e indulgência para com a imperfeição alheia. Em vez de sentir cólera, é preciso sentir piedade com relação ao próximo.

c) Perdão das ofensas - não importa o que nos façam; precisamos perdoar sempre.

Caridade, para Jesus, é a fórmula do BIP - Benevolência, Indulgência e Perdão. Reflitamos como a caridade é abrangente. E os três itens ganharão um capítulo à parte na sequência.

CARIDADE COMO DEVE SER

A benevolência, a indulgência e o perdão são muito mais fáceis de serem colocados em prática com aquelas pessoas que gostamos e que nos tratam bem do que com aquelas pessoas de quem não gostamos e que não nos tratam bem.

O desafio, portanto, é praticar a caridade como Jesus ensinou: benevolência, indulgência e perdão para com todos, indistintamente.

Qual a nota da nossa caridade de zero a 10? Reflitamos sobre isso por algum momento.

Esta história está no livro *O poder de servir aos outros*, de Gary Morsch e Dean Nelson. *Apartheid* era o regime de segregação racista que vigorou na África do Sul desde o período da colonização holandesa e só terminou na década de 90.

A essa época instauraram a Comissão de Reconciliação e Verdade, que tinha como atribuição unir negros e brancos e determinar eventuais punições para alguns casos hediondos que aconteceram na época.

Um dos casos: um grupo de brancos, liderados por Van de Brook, pegou o filho de uma senhora negra, matou e queimou em praça pública. Alguns dias depois, o mesmo grupo de brancos pegou o marido dessa senhora e fez a mesma coisa: matou e queimou em praça pública. A senhora negra "perdeu" filho e marido.

Colocamos entre aspas a palavra "perdeu" porque, ante a imortalidade da alma, sabemos que não perdemos ninguém. A Comissão de Reconciliação e Verdade prendeu todo o bando, inclusive o chefe – Van de Brook. A Comissão colocou a senhora negra frente a frente com Van de Brook, e perguntaram para ela o que ela achava justo como punição.

Se nós tivéssemos "perdido" pai, mãe, filho, filha,

marido, esposa, avô, amigo etc. o que nós diríamos ser justo como punição (lembrando que caridade é benevolência para com todos, indulgência para com as imperfeições alheias e perdão das ofensas)?

A senhora negra disse:

"Eu quero três coisas. Em primeiro lugar, quero que me levem até o local onde queimaram o corpo do meu filho e do meu marido. Quero juntar as cinzas e dar-lhes um enterro decente. Em segundo lugar, o senhor Van de Brook tirou toda minha família de mim, e eu ainda tenho muito amor para dar. Quero que ele venha duas vezes por mês à minha casa, para que eu possa ser mãe para ele. E em terceiro lugar, quero que o senhor Van de Brook saiba que eu o perdoo".

Qual é a nota da caridade dessa mulher? E a nossa nota? Vamos refletir mais algum tempo sobre a nossa caridade. Se a nossa nota de caridade não está tão boa, isso significa que nossa nota de egoísmo ainda está alta.

SOMOS SENSÍVEIS AO SOFRIMENTO ALHEIO?

Na parábola do bom samaritano, narrada por Jesus, um homem ia de Jerusalém a Jericó. No meio do caminho, ladrões assaltaram esse homem e deixaram-no ferido no chão. Algum tempo depois passa um sacerdote, observa o homem ferido e não faz nada. Depois passa um levita. Este observa o homem ferido e também nada faz. E depois passa um samaritano, que para e ajuda. A parábola segue. Contudo, o que precisamos refletir é que o samaritano foi tocado de compaixão e foi sensível ao sofrimento alheio. E nós, somos sensíveis ao sofrimento alheio? Ou as pessoas padecem ao nosso redor e nós não fazemos nada, assim como o sacerdote ou o levita?

Tem um conceito interessante que é o da flecha. Quando vemos que alguém foi atingido por uma flecha, não permitimos que a pessoa continue nessa situação e, com todo o cuidado possível, talvez até cirurgicamente, retiramos a flecha dessa pessoa.

Podemos entender flechas como sendo problemas. As pessoas ao nosso redor possuem flechas cravadas em si, e nós podemos ajudá-las a retirar.

Difícil retirar uma flecha de uma pessoa? Muitas vezes não. Por exemplo: a pessoa está perdida e não sabe onde é o ponto de ônibus - como eu retiro a flecha dessa pessoa? Indicando onde é o ponto de ônibus. A pessoa está carente e necessita de um ombro amigo ou de um abraço - como eu retiro a flecha dessa pessoa? Dando o ombro amigo ou o abraço. É uma questão de ver e fazer - assim como o bom samaritano, que observou a situação, parou e ajudou.

Lawrence Kushner diz: "Todos carregam consigo uma ou talvez várias peças do quebra-cabeça de alguém. E quando você apresenta sua peça, para a outra pessoa pode ser tudo que ela esteja precisando."

E isto é real. Temos em nossas mãos a peça do quebra-cabeça de alguém, mas, em vez de dá-la ao outro, perdemos uma grande chance de sermos úteis, de realizar e construir.

Gary Morsch e Dean Nelson também nos contam a história de Blake Nelson. Blake, um menininho de 2 anos de idade, havia sofrido sério acidente e ficara confinado num emplastro de gesso. Ele parecia uma múmia, com apenas o rosto e os dedinhos das mãos para fora do emplastro. Esse menininho sofria muito, bem como seus pais.

Todo dia, os pais de Blake colocavam-no no carrinho e saíam para dar uma volta na quadra. Ao final do passeio, o pai pegava de um lado do carrinho, a mãe pegava de outro, subiam-no escadaria acima, para poder adentrar novamente o lar.

Uma vizinha chamada senhora Flemming via essa cena todos os dias pela sua janela. Para ter uma ideia, a senhora Flemming tinha mais de 80 anos e não pesava mais do que 40 quilos. Era uma miudeza de gente. Certo dia, ela resolveu bater na porta da família Nelson para oferecer ajuda.

A mãe de Blake pensou: "Mas em que essa senhora poderá ajudar? Ela não deve nem ter força para colocar o Blake no carrinho. Não há nada que ela possa fazer."

Ainda bem que ela só pensou. Antes que falasse qualquer coisa, a senhora Flemming tirou do bolso de seu vestido uma bexiga vermelha. Encheu, amarrou e atirou na direção de Blake. Ele conseguiu rebater a bexiga, e sorriu – sorriso que a mãe dele não via há muito tempo.

Então nesse instante a mãe do Blake vai até a cozinha e desanda a chorar. Tem tempo, inclusive, para colocar em dia seus afazeres domésticos. Aquela brincadeira da senhora Flemming não durou mais do que 30 minutos. Ela voltou lá na maior parte dos dias durante a recuperação do menino.

A Senhora Flemming era uma cirurgiã ortopédica? Não. Ela era uma especialista em densitometria óssea?

Não. Muito bem ela poderia continuar vendo a cena da sua janela e pensar: "Que pena! Que dó! Mas eu não posso fazer nada!" E então voltar para sua televisão ou para sua internet e dali dez segundos esquecer completamente que na casa ao lado havia uma família que ela poderia ajudar. A senhora Flemming tinha 30 minutos por dia. Tinha ar para encher uma bexiga. Quase nada, mas era tudo que a família ao lado precisava.

O BEM QUE DEIXO DE FAZER JÁ É UM MAL

Na questão 932 de *O Livro do Espíritos* Kardec pergunta: *Por que, no mundo, tão comumente, a influência dos maus sobrepuja a dos bons?*

E a resposta: *Por fraqueza destes. Os maus são intrigantes e audaciosos; os bons são tímidos. Quando estes o quiserem, preponderarão.*

O bem que deixamos de fazer já é um mal. É preciso arregaçar as mangas e começar a agir. Se continuarmos acomodados, estaremos sendo cúmplices do mal.

INGREDIENTE BÁSICO DA VERDADEIRA CARIDADE

Certa vez Madre Teresa de Calcutá perguntou a um senhor: "Você não daria banho em um leproso nem por um milhão de dólares?" Ela mesma respondeu: "Eu também não. Só por amor se pode dar banho em um leproso."

O ingrediente básico da verdadeira caridade é o amor. Se tiver amor, é caridade. Se não tiver amor, pode ser paternalismo assistencialista, autopromoção ou qualquer outra coisa, mas não é caridade.

Pode ser que estejamos ajudando para lá na frente cobrar a devolutiva de alguma forma. Nesse caso não há caridade, mas sim um interesse que será cobrado mais tempo menos tempo.

Muitas vezes ajudamos, e as pessoas nem sequer agradecem. De forma nenhuma podemos ficar ofendidos com isso. Estamos ajudando por amor, sem interesse algum. Ou estamos ajudando e exigindo gratidão das outras pessoas?

SEMPRE PODEMOS AJUDAR

Aquele que se acha a pessoa mais infeliz do mundo, está redondamente enganado. Não importa quão grande seja nosso sofrimento - sempre existe alguém que sofre mais do que nós. Não importa quão pobre sejamos - sempre existe alguém mais carente do que nós. Não importa quão solitário sejamos - sempre existe alguém mais sozinho do que nós. Não importa a nossa condição de vida hoje - se olharmos ao nosso redor, perceberemos o quão abençoados somos e que não temos justificativa alguma para nos abster de ajudar.

NEM QUE SEJA UMA GOTA NO OCEANO

Por vezes sentimos que aquilo que estamos fazendo é uma gota no oceano e nos questionamos se vale a pena.

Conta-se que havia uma praia que ficou cheia de estrelas-do-mar na areia. E havia um senhor se abaixando, pegando uma por uma das estrelas-do-mar e devolvendo-as ao oceano.

Alguém chegou e questionou: "Hei! Sabia que está perdendo seu tempo? Enquanto salva umas, outras dezenas estão morrendo na praia... Que diferença irá fazer?"

Calmamente, esse senhor se abaixou, pegou mais uma estrela-do-mar, devolveu-a às águas e respondeu: "Mas para essa aqui eu fiz a diferença."

Se achamos que nosso trabalho é uma gota no oceano e nos questionamos se vale a pena, tenhamos certeza: vale a pena, sim, pois sem essa gota o oceano seria menor.

Outro dia vi alguém no *shopping center* devolver um copo plástico não usado para uma lanchonete. Esse copo havia sido pego a mais. Muito bem, essa pessoa poderia deixar o copo ali na mesa, e sem dúvida seu destino seria a lixeira. Isso foi algo pequeno. Essa pessoa poderia pensar que consciência ecológica é somente fazer um grande mutirão para tirar lixo da praia, algo digno de reportagem de televisão, mas ela teve a maturidade de entender que pequenos atos também são válidos. Gotas no oceano contam, sim.

SOMOS ANJOS DE UMA ASA SÓ

Numa história de autor desconhecido, conta-se que Jonas gostaria de levar sua família para passar o final de semana num hotel. Mas ele estava sem dinheiro, e o máximo que conseguiu foi levá-los a uma chácara emprestada por um amigo, onde passaram um domingo muito agradável.

Entretanto, na hora de ir embora, Jonas não conseguia ligar o motor do automóvel. Simplesmente não funcionava. Para completar, seu celular estava sem sinal algum. Ele deixou a esposa e o filho esperando e saiu à procura de um posto de combustível.

Andou aproximadamente 20 minutos e encontrou o posto fechado. Um senhor que passava por ali lhe deu o número de um mecânico que morava na região. Como nesse local seu celular já tinha sinal, Jonas conseguiu ligar para o tal mecânico. E este prontamente se dispôs a ajudá-lo.

Enquanto esperava pelo mecânico ali no posto, Jonas apenas pensava: "Esse mecânico irá me cobrar caro. É um serviço simples, mas ele está saindo de casa para atender essa emergência. Já estou sem dinheiro e agora mais esta conta inesperada."

Jonas entrou no carro do mecânico e partiram rumo à chácara. Quando João, o mecânico, desceu de seu carro, Jonas percebeu que ele usava muletas. Entretanto, não comentou nada, para não constranger o homem.

João detectou que o problema era com a bateria. Enquanto dava carga à bateria, João fez truques de mágica para o filho de Jonas. E Jonas pensando: "Estou sem dinheiro, e agora com truques de mágica, esse mecânico irá cobrar mais caro ainda."

Ao final do serviço, Jonas agradece a João e pergunta quanto devia pagar pelo serviço. João responde: "Não cobrarei nada."

E Jonas fica espantado: "Mas como não? Você gastou combustível, veio aqui em seu dia de folga."

E João explicou: "Algum tempo atrás sofri um sério acidente, e por causa dele uso muletas até hoje. Uma pessoa parou, me ajudou e fez tudo por mim. Quando lhe perguntei o que gostaria de receber como recompensa, ela insistiu que não queria nada e apenas me pediu que quando eu tivesse oportunidade, fizesse o mesmo por outra pessoa. E agora estou tendo a oportunidade de ajudar. Apenas te peço o mesmo. Passe para frente esta ajuda. Todos nós somos anjos de uma asa só, e precisamos nos abraçar para voar."

DESAFIO

Diz Madre Teresa de Calcutá: "Não devemos permitir que alguém saia da nossa presença sem se sentir melhor e mais feliz." E como as pessoas saem da nossa presença? Melhores e mais felizes? Iguais? Piores do que quando chegaram?

Um desafio para cada um de nós é fazer a diferença na vida de uma pessoa por semana. Se achar que uma pessoa por semana é pouco, faça a diferença para cinco, dez, vinte pessoas. O mais importante é não ficar de braços cruzados sem fazer nada. O passo mais difícil de ser dado é o primeiro. Depois todos os outros são mais fáceis. Comecemos com uma pessoa por semana. Em um ano farei a diferença para 52 pessoas. Numa encarnação esse número cresce ainda mais.

Entretanto, o cálculo não para por aí, visto que o bem é contagiante. Se eu faço o bem para alguém, essa pessoa fará para outra, e assim por diante. O simples ato de descruzar os braços e fazer a diferença para uma pessoa por semana resultará em algo cujos efeitos são incalculáveis.

* * *

Segue abaixo trecho da mensagem "Olha por mim", faixa 5 do CD do *Momento Espírita* volume 25:

> Deus, o Senhor da vida, auxilia Suas criaturas através das próprias criaturas.
>
> Não nos esqueçamos de que nós, sem exceção, fazemos parte desse processo.
>
> Não esperemos e nem deixemos para amanhã aquilo que está em nossas mãos fazer hoje.
>
> Não percamos nenhuma oportunidade sequer de praticarmos a caridade.
>
> Aqui estamos, a exemplo de Jesus, para servir e não para sermos servidos.
>
> Sintamo-nos responsáveis uns pelos outros, pois somente assim poderemos entender, como irmãos, a máxima do Cristo: Ama a Deus sobre todas as coisas e ao próximo como a ti mesmo.[5]

---

5 Coleção em CD dos programas Momento Espírita - da Federação Espírita do Paraná (FEP).

CAPÍTULO 19

BENEVOLÊNCIA

Quer facilitar sua jornada? Semeie o bem.

Na codificação, sobre os caracteres do homem de bem[6] encontramos estas duas frases:

> O verdadeiro homem de bem é aquele que faz o bem pelo bem, sem esperar recompensa; e mais, retribui o mal com o bem.
>
> O verdadeiro homem de bem é bom, humano e benevolente para com todos, sem distinção de raças nem de crenças, porque vê todos os homens como irmãos.

Sabemos tratar bem as pessoas? Sim, com certeza.

E por que não tratamos bem a todos? Reflitamos como somos seletivos em relação à nossa bondade. Escolhemos quem tratamos bem, quem tratamos mal e quem somos indiferentes, muito baseados em pré-julgamentos e na conveniência.

---

6 Veja *O Livro dos Espíritos, questão 918*, e também *O Evangelho segundo o Espiritismo*, Capítulo XVII.

O QUE PRECISAMOS PARA FAZER O BEM?

Muitos pensam que necessitam dinheiro ou *status* para ser uma pessoa bondosa, o que não é verdade. Entre tantas formas de se fazer o bem sem dinheiro ou *status*, podemos citar o ouvir e o falar.

No livro *O monge e o executivo*, James C. Hunter explica sobre o ouvir. Existem duas formas de ouvir: o ouvir passivo e o ouvir ativo. O ouvir passivo consiste em ficar em silêncio enquanto uma outra pessoa tagarela na minha frente. Fico o tempo inteiro fazendo pré-julgamentos e pensando em maneiras de desviar a conversa, para que ela se torne mais prazerosa para mim.

Por exemplo: chega alguém querendo contar o que vai fazer no próximo final de semana, e eu já mudo a conversa para contar o que eu vou fazer, porque me acho muito mais importante e considero que faço coisas mais interessantes. E a coitada da outra pessoa só queria compartilhar algo conosco.

Este ouvir passivo não é bondade. Mas temos também o ouvir ativo. Nós pensamos quatro vezes mais rápido do que falamos. Ou seja, enquanto uma pessoa fala, tem um turbilhão de pensamentos na minha mente, e, para de fato eu conseguir ouvir o outro, eu preciso bloquear todo ruído interno, e isto exige sacrifício da minha parte.

Outro detalhe importante é que, no ouvir ativo, aquele que ouve se coloca no lugar de quem está falando (empatia) e procura ver as coisas do ponto de vista do outro. Este tipo de ouvir trata-se de bondade, e, muitas vezes, trata-se de tudo que o outro precisa de nós naquele momento.

Podemos fazer bondade também através do nosso falar. Tem uma frase que diz: "Há três coisas que jamais retornam: a flecha lançada, a palavra dita e a oportunidade perdida." Isto significa que cada palavra que sai dos nossos lábios não volta atrás, e nós arcaremos com as consequências de cada uma delas. Tudo que semeamos, colhemos; e por isso existe uma responsabilidade muito grande em nosso falar.

De zero a 100, quantos por cento do que falamos são "abobrinhas", que não servem para nada? Quantos por cento são coisas ruins, que denigrem, rebaixam e destroem? Quantos por cento são coisas boas, que elevam e constroem? Façamos uma reflexão sobre isso: se pudéssemos comer nossas palavras, iríamos nos nutrir ou nos envenenar?

* * *

Chega de bondade seletiva, baseada em pré-julgamento e conveniência. Até porque isso não é bondade pura. É um princípio de reciprocidade e nada mais. Está na hora de trilharmos pelo caminho da bondade pura, aquela que parte do nosso coração, sem olhar a quem.

CAPÍTULO 20

INDULGÊNCIA COM A IMPERFEIÇÃO ALHEIA

Quer facilitar sua jornada? Seja indulgente.

Aquelas pessoas que erram precisam da nossa indulgência, e não da nossa raiva ou do nosso ódio.

Agir com indulgência é inteligente da nossa parte. Quando sentimos piedade em relação às fraquezas alheias não sofremos. Já quando sentimos cólera, sofremos por optar por esse caminho escuro. As pessoas ao nosso redor não são anjos e possuem defeitos - não ser indulgente com as imperfeições alheias é transformar a vida em algo torturante.

O irmão mais adiantado na marcha evolutiva precisa ter respeito e paciência com o mais atrasado. Ao termos uma reação negativa perante os erros alheios, é de se refletir que não estejamos à frente do nosso irmão, e talvez sejamos até mais atrasados do que aquele que tanto condenamos. Como cobramos dos outros atitudes que nem nós estamos preparados para realizar.

CAPÍTULO 21

PERDÃO

Quer facilitar sua jornada? Perdoe e fique livre.

Aquele que perdoa se desacorrenta, desalgema-se. Robert Muller diz que "perdoar é libertar um prisioneiro, e descobrir que o prisioneiro era você". E como nós gostamos de ficar algemados às outras pessoas, como gostamos de ser prisioneiros! Isso porque somos campeões em colecionar mágoas ao invés de perdoar e libertar-se.

LEI DE TALIÃO

O Código de Hamurabi foi instituído na Mesopotâmia em 1700 a.C (por volta de 3.700 anos atrás). Entre tantas leis que o Código de Hamurabi possui, uma se destaca e é conhecida até os dias de hoje: a lei de talião (mais conhecida como a lei do olho por olho, dente por dente).

Passou tempo e veio Jesus nos ensinar o amor aos inimigos, o perdão, o gesto de dar a outra face (há cerca de 2.000 anos). E atualmente, seguimos os ensinamentos de Jesus ou seguimos a lei de talião?

Por um acaso, conhecemos pessoas que dizem algo como "Eu não levo desaforo para casa..." Ou: "Ah!

se fulano me fizer isso..." "Eu não vou engolir isso; fulano vai ver o que é bom." Ou, ainda, "Mas foi ele que começou"? Precisamos cuidar para que essa pessoa não sejamos nós. E se essa pessoa for nós, significa que estamos um tanto quanto atrasados em nossa marcha evolutiva.

OPORTUNIDADES DE PERDOAR

Tem um *Momento Espírita*[7] intitulado "A lição do perdão", com uma história muito interessante. Conta-se que havia um escravo, que devido ao seu ótimo trabalho, foi promovido a administrador da fazenda - ele ainda era um escravo, apesar de gozar de uma liberdade maior.

Certa feita, o dono da fazenda mandou esse administrador à cidade, na feira de escravos, para comprar 20 escravos novos, fortes e sadios. Chegando à feira, um escravo velho, fraco e doente chamou sua atenção. O administrador negociou e ganhou este escravo velho, fraco e doente de brinde, pela compra de 20 escravos novos, fortes e sadios. E voltou para a fazenda com 21 escravos.

O administrador passou a cuidar do escravo velho, fraco e doente. Levou-o para sua casa. Dava-lhe da sua

---

7 *Momento Espírita*. Programa veiculado por uma rádio paranaense e cujas edições foram reunidas em CD pela Federação Espírita do Paraná (FEP). O autor refere-se a um álbum dessa coleção. **Nota do Revisor.**

comida. Quando tinha frio, levava-o para o sol. Quando tinha calor, colocava-o debaixo das árvores de cacau, à sombra.

Isso foi deixando o dono da fazenda intrigado: "Porque meu administrador cuida tanto deste escravo?"

Certo dia o dono colocou seu administrador na parede e questionou-o: "Esse velho escravo é seu parente, talvez seu pai?" A resposta foi negativa. "É então seu irmão mais velho?" O administrador respondeu: "Não tenho parentesco algum com ele. Nem sequer é meu amigo."

E o dono da fazenda, ainda mais intrigado, pergunta: "Por que motivo tem tanto interesse por ele?" E a resposta: "Ele é meu inimigo, senhor. Vendeu-me a um negociante e foi assim que eu me tornei escravo. Mas eu aprendi nos ensinamentos de Jesus que devemos perdoar os nossos inimigos. Esta é a minha oportunidade de colocar em prática este aprendizado."

E nós, temos oportunidade no nosso dia a dia para perdoar? Já aprendemos com Jesus que o correto é perdoar? O que estamos esperando para começar a fazer o que é certo?

Lembrando que, segundo os ensinamentos de Jesus, aquele que perdoa de verdade, não alimenta ódio, rancor ou desejo de vingança. Perdoa sem pensamento oculto e sem impor condições. Deseja o bem no lugar do mal. E fica alegre quando vê o outro bem. Socorre em caso de necessidade. Paga todo mal com o bem, sem intenção de humilhar.

QUANDO AS PESSOAS MAIS PRECISAM DE PERDÃO?

Existe uma peça de teatro chamada *A Raisin in the Sun*, de Lorraine Vivian Hansberry[8], que nos apresenta uma família materialmente muito carente, composta por pai, mãe, filho e filha. O pai desencarna, e a família recebe 10 mil dólares do seguro de vida.

O que fazer com o dinheiro? A mãe tinha o sonho da casa própria, pois nunca tiveram uma casa no nome deles. Sempre moraram de aluguel ou de favor. A filha queria fazer faculdade. O filho queria usar o dinheiro para abrir uma sociedade com um amigo. Segundo ele, a sociedade renderia tanto dinheiro que compraria quantas casas a mãe quisesse, ou pagaria quantas faculdades a irmã quisesse.

Ficou decidido que o dinheiro ficaria com o filho. Entretanto, o tal amigo não era tão amigo assim, e sumiu da cidade com todo o dinheiro, não sobrando nem rastro. Esse filho fica desolado, e tem de voltar para casa contar para a mãe o que aconteceu. Esse irmão tem de voltar para casa contar tudo isso para sua irmã. Como receberíamos um filho nessa condição? Como receberíamos um irmão nessa condição?

Sua irmã xinga-o e o empurra. A mãe, vendo isso, diz para ela: "Filha, achei que tivesse ensinado você a amar o seu irmão." Ela responde: "Amar o meu irmão? Não restou nada nele para eu amar."

---

8 A peça estreou na Broadway (Nova York) em 1959. Dois anos depois inspirou um filme, com o mesmo nome. **Nota do Revisor.**

A mãe retruca: "Sempre resta alguma coisa para amar. E se você não aprendeu isso, não aprendeu nada. Você já chorou por ele hoje? Não estou perguntando se você chorou por causa de si mesma e de nossa família, por termos perdido todo aquele dinheiro. Estou perguntando se chorou por ele: por aquilo que ele já sofreu e por tudo que irá sofrer ainda. Filha, quando você acha que é tempo de amar alguém com mais intensidade? No momento em que o outro nos faz coisas boas e facilita a nossa vida? Todo momento é momento para nós amarmos, mas as pessoas mais precisam de amor quando elas menos merecem. Elas mais precisam de amor quando estão no fundo do poço, sentindo-se humilhadas."

Sabe aquela pessoa que não está fazendo nada para merecer o seu perdão? Pois é essa pessoa que mais precisa dele.

* * *

Quando dizemos que não conseguimos perdoar fulano, estamos sendo instintivos. Zero por cento racionais. Vingar-se ou afastar-se e odiar em pensamento é o eclipse absoluto da razão. É difícil perdoar? Depende. Tudo vai da nossa vontade e do nosso esforço. Se nossa vontade e nosso esforço forem pequenos, aí fica difícil.

Retiremos o perdão do patamar das coisas inacessíveis e muito elevadas. Ele está ao nosso alcance, no dia a dia, se assim nós quisermos.

CAPÍTULO 22
PACIÊNCIA

Quer facilitar sua jornada? Seja paciente.

Como temos oportunidade de exercitar a nossa paciência no dia a dia. Muitas vezes o que as pessoas fazem e falam não têm lógica nenhuma (para nós). Por exemplo: quantas vezes não vemos pessoas estacionando carrinho de mercado no meio do corredor, impedindo totalmente a passagem? Elas têm a opção de estacionar nos cantos, mas não, deixam ali no meio mesmo. Isso é algo totalmente ilógico, mas é assim que as pessoas costumam agir. E nós fazemos o que: agimos com paciência ou com impaciência?

DEFINIÇÃO DE PACIÊNCIA – 1

Paciência nada mais é do que amar o suficiente para aceitar as falhas do outro. Ou seja, se não temos paciência com a pessoa que está no nosso lado, o que é que está faltando? Está faltando amor.

A impaciência é sintoma de perfeccionismo. Ficamos impacientes com os outros porque achamos que só há uma maneira certa de fazer as coisas: a nossa. Isso é algo prejudicial para nossa evolução. Que fique bem claro: existem muitas maneiras de fazer as coisas, e devemos aprender com os outros nesse sentido. Não há somente o nosso jeito de pensar e de viver.

Infelizmente, devido ao nosso egoísmo, queremos que os outros sejam uma extensão de nós mesmos, tenham os mesmos gostos e a mesma velocidade que a nossa. E quando os outros não têm os mesmos gostos e a mesma velocidade esperneamos feito uma criança, deixando às claras toda a nossa impaciência.

Analisemos o quanto de energia gastamos tentando fazer com que os outros pensem e ajam da maneira que achamos que deveriam pensar e agir. É algo insensato da nossa parte.

As pessoas não farão apenas coisas que nos agradam sempre. E é a paciência que nos ajuda a abrir mão das nossas convicções sobre como a outra pessoa deveria ser.

DEFINIÇÃO DE PACIÊNCIA – 2

Outra definição de paciência seria ter autocontrole. Orar dizendo "dai-me paciência" é o mesmo que dizer "dai-me força para manter o autocontrole, pois não estou conseguindo".

Se perdemos facilmente a paciência, perdemos facilmente o autocontrole. Não somos mais nós que nos dirigimos, mas sim as circunstâncias e as outras pessoas. E quantas vezes perdemos a paciência (autocontrole) por situações fúteis, situações banais.

Precisamos desenvolver a paciência, e saber bem nos portarmos perante os momentos de oportunidade e de adversidade.

O colunista Sydney Harris[9] conta uma história em que acompanhava um amigo à banca de jornal. O amigo cumprimentou o jornaleiro amavelmente, mas como retorno recebeu um tratamento rude e grosseiro. Pegando o jornal que foi atirado em sua direção, o amigo de Sydney sorriu e desejou um bom fim de semana ao jornaleiro. Quando os dois amigos desciam pela rua, eles iniciam o seguinte diálogo:

- Esse jornaleiro... ele sempre lhe trata com tanta grosseria?

- Sim, infelizmente é sempre assim.

- E você é sempre tão educado com ele?

- Sim, sou.

- Por que você é tão educado, já que ele é tão rude com você? Seja ruim com ele também... para ele aprender! Por que você se comporta bem diante dele?

- Porque não quero que ele decida como eu devo agir.

Sábias palavras. Não é o ambiente que deve nos transformar, e sim nós que devemos transformar o ambiente. Precisamos ser pessoas ativas no contexto, e não pessoas reativas.

Sigamos o exemplo de Chico Xavier, que certa feita disse: "Eu aceito o mundo e os homens como eles são, e

---

9 Harris (1917-1986) era colunista do *Chicago Daily News* e, mais tarde, no *Chicago Sun-Times*. Além de uma coluna semanal, que era distribuída a 200 jornais, aproximadamente, nos Estados Unidos e Canadá. Sydney Harris publicou 11 livros. **Nota do Revisor.**

eu continuo sendo eu mesmo." Não importa como esteja o mundo ou o que os outros me façam, devo me esforçar sempre para seguir o caminho do bem.

EXERCÍCIO EXTREMO

Muitas vezes saímos do sério por coisas bobas que os outros fazem, como bocejar de boca aberta. O outro faz isso e ficamos irritados. Se alguém nos filmasse impacientes por coisas tão pequenas, sentiríamos o quê? Sem dúvida, vergonha de nós mesmos.

Façamos um exercício extremo: já imaginou se fosse o último dia dessa pessoa encarnada? Será que não teríamos saudades dela bocejando de boca aberta? Olhando por esse prisma, percebemos como muitas coisas que nos tiram a paciência são irrelevantes.

* * *

Algo que devemos fazer urgentemente é aproveitar nossos momentos de impaciência ou quase impaciência e se conhecer. Analisemos o porquê de nos irritarmos, o quão fracos somos e o que podemos fazer para não cair nessas armadilhas. No final das contas, você perceberá que se irritou por besteira, e terá que analisar simplesmente o seu orgulho.

Martin Luther King Jr. diz: "A verdadeira medida de um homem não é como ele se comporta em momentos de conforto e conveniência, mas como ele se mantém em tempos de controvérsia e desafio".

Levemos isso para nossa vida, e nos mantenhamos pacientes em todos os momentos.

Paciência não é algo que eu tenho ou não tenho, que eu perco ou sei lá o quê. Paciência é uma decisão e ponto final!

CAPÍTULO 23

ABNEGAÇÃO

Quer facilitar sua jornada? Seja abnegado.

Abnegação significa satisfazer a necessidade dos outros. É o oposto do egoísmo, que pensa primeiro em si sempre. Imaginem domingo à tarde, shopping lotado. Está difícil de achar vaga, e encontramos uma vaga no meio do corredor. Só que outro motorista, do outro lado do corredor também encontrou essa mesma vaga e vem na direção oposta que a nossa. Os dois carros (o nosso e o outro) chegam na vaga ao mesmo tempo. E começa aquela discussão.

Quem é o dono da vaga? Muitas vezes brigamos e abaixamos nosso padrão vibratório. Aquele passeio que seria um lazer transforma-se num aborrecimento. Será que não poderíamos ceder a vaga? "Vai lá, meu amigo, estaciona nessa vaga..."

E dentro de um ou dois minutos acho outra, sem problema algum. Por que optamos pelo caminho da disputa, pelo caminho de maior desgaste energético, que gera mais dor de cabeça? Por que ficar disputando à unha coisas tão pequenas? Se pensássemos um pouco, perceberíamos que vale a pena praticar a abnegação, a tolerância e a renúncia.

NECESSIDADE X DESEJO

Algo que pode deixar as pessoas pensativas: "Mas se eu der tudo para o outro, não vou criar uma pessoa mimada, que tirará proveito de mim?" Pode acontecer. Quantos filhos não recebem tudo dos pais e ficam desse jeito?

Precisamos separar o que é necessidade do que é desejo. A pessoa tem fome: se eu der o pão, estarei suprindo a sua necessidade. A pessoa tem fome, mas o desejo dela é o *croissant* e o brioche.

Quando supro a necessidade, não estou fazendo mais do que cumprindo minha obrigação como irmão. Quando o tempo todo fico dando o que as pessoas desejam, aí sim poderei estar mimando demais os outros. Ajamos sempre com equilíbrio, com bom-senso, evitando qualquer extremo e qualquer julgamento.

* * *

Sempre há alguém abnegado por nós - alguém que deixaria de comer para que nós pudéssemos comer. Alguém como uma mãe, um pai etc. Nós não nutrimos o mais profundo respeito por essa pessoa? Sem dúvida.

Agora imaginemos um mundo onde todos são abnegados por todos. O respeito predominaria com certeza. Um dia nós chegaremos a esse estágio, mas precisamos colaborar através da nossa mudança íntima também. O mundo muda se nós mudarmos.

CAPÍTULO 24

RESIGNAÇÃO

Quer facilitar sua jornada? Seja resignado.

Duas pessoas podem estar passando pelos mesmos problemas. Uma é resignada e a outra é revoltada. Qual das duas sofre mais?

Que fique bem claro: resignação não é aquele aceitar passivamente tudo que acontece. Resignação é aceitar e agir ao mesmo tempo. É não se encolerizar com as situações e ao mesmo tempo fazer tudo que estiver ao seu alcance. Seria aquilo que Reinhold Niebuhr ensina: "Concedei-nos, Senhor, serenidade necessária, para aceitar as coisas que não podemos modificar; coragem, para modificar aquelas que podemos, e sabedoria, para distinguir uma coisa da outra."[10]

O fato de se revoltar com os desígnios de Deus é um sinal característico do nosso primitivismo. Não percebemos que a visão de Deus é muito mais abrangente que a nossa, e que o bem se encontra, muitas vezes, onde julgamos estar o mal. Nossa visão é muito limitada e, mes-

10 Também chamado "Oração da serenidade", o pensamento é quase um mantra nas sessões do AA (Alcoólicos Anônimos). **Nota do Revisor.**

mo assim, somos petulantes a ponto de nos revoltarmos quando as coisas não saem do jeitinho que nós gostaríamos. É muita insensatez: eu, de visão limitada, querer disputar o controle das coisas com Deus, o Pai bondoso e misericordioso.

ACEITAÇÃO

Jalal ad-Din Muhammad Rumi[11], mestre espiritual persa do século XIII, diz que medo é a não aceitação da incerteza. Se aceitamos a incerteza, ela se torna aventura. Inveja é a não aceitação do bem no outro. Se aceitamos o bem no outro, torna-se inspiração.

Raiva é a não aceitação do que está além do nosso controle. Se aceitamos, torna-se tolerância.

Ódio é a não aceitação das pessoas como elas são. Se aceitamos incondicionalmente, então se torna amor.

Reflexão interessante. Se quisermos progredir, necessitamos praticar a aceitação. O espírito Lázaro, em *O Evangelho segundo o Espiritismo*, capítulo IX, item 8, nos diz: "A obediência é o consentimento da razão; a resignação é o consentimento do coração". Muitas pessoas aceitam apenas com a mente, o que ainda não é a resignação propriamente dita. Somente é resignação a partir do momento que o coração aceitou.

---

11 Maulana Jalaladim Maomé, também conhecido como Rumi de Bactro, ou ainda apenas Rumi ou Mevlana, foi um poeta, jurista e teólogo sufi persa do século XIII. Seu nome significa literalmente Majestade da Religião. **Nota do Revisor.**

CAPÍTULO 25

GRATIDÃO

Quer facilitar sua jornada? Seja grato.

A felicidade é diretamente proporcional à nossa gratidão. Quanto mais gratos formos, mais felizes seremos. Por exemplo: Num hospital tem um doente acordando e dizendo: "Que bom, mais um dia!" No prédio ao lado tem uma pessoa acordando e dizendo: "Que droga, mais um dia!". Qual dos dois é mais feliz? Sem dúvida é aquele que está no hospital.

Podemos dar uma festa e depois ficar reclamando da sujeira que ficou, ou agradecer porque estivemos rodeados de parentes e amigos. Tudo é uma questão de ponto de vista. O cansaço do final do dia significa que tenho saúde e posso trabalhar. O despertador de todas as manhãs significa que estou vivo.

* * *

Nós oramos ontem à noite? Já imaginou se acordássemos apenas com as coisas que lembramos de agradecer na noite anterior? Se não agradecemos pela família, pela casa, pela saúde, pelo trabalho ou qualquer outro item, hoje acordaríamos sem essas coisas. É exagerado pensar assim, mas isto revela o quanto deixamos de agradecer pelas inúmeras bênçãos que temos em nossa vida.

CAPÍTULO 26

TRABALHO

Quer facilitar sua jornada? Arregace as mangas e trabalhe.

Trabalho, entendamos nós, tem aqui o sentido de servir o próximo e amar. No prefácio de *Paulo e Estêvão*, Emmanuel nos diz:

> Certo é que o inolvidável tecelão (Paulo de Tarso) trazia o seu ministério divino (tinha sua tarefa); mas quem estará no mundo sem um ministério de Deus (sem uma tarefa)? Muita gente dirá que desconhece a própria tarefa, que é inconsciente a tal respeito, mas nós poderemos responder que, além da ignorância, há desatenção e muito capricho pernicioso (capricho pernicioso seria: "Ah, não posso, é muito tarde, é muito longe, é muito demorado" etc.). Os mais exigentes advertirão que Paulo recebeu um apelo direto; mas, na verdade, todos os homens menos rudes têm a sua convocação pessoal ao serviço do Cristo (seja por meio de um livro, de uma palestra, de um convite de um amigo). As formas podem variar, mas a essência ao apelo é sempre a mesma. O

> convite ao ministério chega, às vezes, de maneira sutil, inesperadamente; a maioria, porém, resiste ao chamado do Senhor (o convite ao trabalho chega, mas a maioria das pessoas declina).

No livro *Voltei*, Irmão Jacob diz que "o trabalho é uma das maiores bênçãos de Deus no campo das horas. Em suas dádivas de realização para o bem, o triste se reconforta, o ignorante aprende, o doente se refaz, o criminoso se regenera." Ou seja, trabalho é tudo de bom, serve para todo mundo e não tem contraindicação alguma.

Já repararam como nos sentimos bem quando ajudamos os outros? Por que quando fazemos o bem temos essa sensação agradável? Por dois motivos: 1º) Ajudar os outros traz sentido para a nossa vida, como se estivéssemos cumprindo uma tarefa (ministério de Deus); 2º) Ajudar os outros faz com que saiamos do nosso mundinho egoísta, exclusivista, focado apenas em nós, baseado no interesse próprio (que é o mal), e façamos parte de algo maior, da coletividade, do bem-estar geral (que é o bem).

Na questão 642 de *O Livro dos Espíritos*, Kardec pergunta: *Para agradar a Deus e assegurar a sua posição futura, bastará que o homem não pratique o mal?*

Os espíritos respondem: *Não; cumpre-lhe fazer o bem no limite de suas forças, porquanto responderá por todo mal que haja resultado de não haver praticado o bem.*

Ou seja, o bem que deixamos de fazer já é um mal.

A história a seguir é contada com várias versões, afinal houve dezenas de crianças que tiveram seus sonhos realizados, principalmente pela Fundação Make-a-Wish.

Numa das versões, conta-se que havia um menino de seis anos com uma doença terminal. A mãe deste menino estava ao seu lado no leito do hospital. Assim como toda mãe, ela sonhava em ver seu filho crescer e realizar seus sonhos.

Certo dia esta mãe lhe pergunta o que ele gostaria de ser quando crescesse, e ele responde: "bombeiro". Esta mãe liga na corporação, explica todo o caso e pergunta se não seria possível seu filho ir no dia seguinte fazer uma visita para os bombeiros. O chefe da corporação, que estava ao telefone, respondeu que poderia fazer mais. Pediu as medidas daquele menino e avisou que prepararíam um uniforme especial para ele. Pediu que ele estivesse na corporação no dia seguinte, às 6h30, para tomar café com os bombeiros. O menino passaria todo o dia ali, e se tivesse alguma chamada, ele iria junto atender. No dia seguinte lá estava o menininho com seu uniforme, tomando café com os bombeiros. Foram três chamadas naquele dia e o menininho foi junto em todas. Foi o dia mais feliz de sua vida. Deu-lhe tanta energia que ele sobreviveu algum tempo a mais do que os médicos haviam previsto.

Contudo, num determinado dia, suas funções vitais foram caindo, e chegou o momento de sua desencarnação. Esta mãe lembrou-se da corporação e ligou para o chefe. Perguntou se não havia como enviar um bombeiro para aquele momento. O chefe respondeu que poderia fazer mais. Pediu que avisasse no sistema de segurança do hospital, que quando chegassem com a viatura, com sirene ligada, não se tratava de um incêndio, mas uma última visita a um dos seus mais distintos integrantes.

Pediu também que deixasse a janela do quarto aberta. Era no sexto andar.

Em instantes o carro dos bombeiros chegou. Dezesseis bombeiros subiram por meio de uma escada e entraram pela janela do quarto em que estava o menininho. Um a um abraçou-o, até que chegou a vez do último, o chefe. O menininho pergunta: "Chefe, eu sou mesmo um bombeiro?". O chefe responde: "Sim, dos melhores." E neste instante o menino fecha os olhos.

A moral desta história é que se estamos fazendo apenas um pouco de bem, e poderíamos fazer muito mais, não estamos aproveitando todo o nosso potencial. E o bem que deixamos de fazer, já é um mal. Não sejamos sovinas, não economizemos amor. Não sejamos acomodados, tímidos, preguiçosos. Que nos esforcemos para sempre fazer o bem, aproveitando todo o nosso potencial.

* * *

Existe um propósito maior na existência humana, mas parece que a maioria das pessoas não tem consciência disso, perdendo a sua dimensão espiritual na mesquinhez do dia a dia. Não aproveitamos os minutos como deveríamos e gastamos muito tempo com coisas sem importância. Nossa agenda está sempre cheia, estamos sempre na correria, mas, na maior parte das vezes, essa correria não passa de vaivém sem significado, a ponto de refletirmos ao final da semana e percebermos que não fizemos nada de relevante para o bem. E isto acontece ao final do mês, ao final do ano, e, talvez, até no final da encarnação. Nossa vida se torna uma sucessão de dias mais ou menos interessantes, sem esforço da nossa parte para a verdadeira melhora do nosso espírito.

5ª PARTE

DICAS

CAPÍTULO 27

SOLTE OS PESOS

Todos nós estamos numa marcha evolutiva, caminhando, mas existem pesos que atrapalham nosso progresso. Quais são esses pesos? São o egoísmo, o orgulho, a mágoa, a revolta, a culpa, a ansiedade, a raiva, o ódio, o medo, a inveja, o ciúme etc.

Devido a estes pesos, nossa caminhada fica lenta, isso se não estivermos estagnados em nossa marcha evolutiva. Os pesos impedem nossa evolução e nos fazem sofrer. Aí você pensa: "Poxa! Preciso me livrar logo desses pesos. Como faço isso?"

É fácil ou difícil se livrar desses pesos? Depende. Depende do tamanho da nossa vontade e do nosso esforço.

Contudo, livrar-se dos pesos encerra uma ironia muito grande. Sabe qual? A ironia é que não são os pesos que nos seguram - nós que seguramos os pesos. Quer se livrar dos pesos? Solte-os!

E por que não soltamos? Por que continuamos com egoísmo, orgulho, mágoa, revolta, culpa, ansiedade, raiva, ódio, medo, inveja, ciúme etc., sofrendo e complicando nossa jornada? Que prazer temos em sentir tudo isso?

O que ocorre é que nós usamos antolhos e ficamos com uma visão limitada. Não visualizamos a vida com a abrangência que deveríamos. Somos como crianças, que preferem prazeres imediatos do que prazeres duradouros.

Analisemos a frase de Tertuliano: "Você quer ser feliz por um instante? Vingue-se. Você quer ser feliz para sempre? Perdoe." Ao nos vingarmos, podemos até nos satisfazer por um momento bem curto, mas na sequência vem o arrependimento. Se quisermos uma satisfação plena, o perdão e somente ele poderá nos propiciar isso.

A todo momento precisamos fazer escolhas em nossa vida, nos mais diferentes contextos. E basicamente essa escolha é entre o prazer curto e imediato ou a satisfação plena.

Egoísmo, orgulho, mágoa, revolta, culpa, ansiedade, raiva, ódio, medo, inveja, ciúme etc. trarão prazer curto e imediato. O orgulho com aquele prazer de mostrar quem manda. A pessoa manda, mas e daí? O ciúme com aquele prazer ilusório de que sou eu quem domina. Mas... E daí? Erramos em nossas escolhas, preferindo o prazer imediato do que a satisfação plena, e dessa forma continuamos segurando firme os pesos.

Tudo uma questão de escolha. Saiamos o quanto antes da zona de conforto em que estamos, larguemos os pesos e invistamos na satisfação plena que as virtudes nos proporcionam. Há uma vida muito melhor além da ilusão que vivemos.

ALIMENTEMOS O LOBO CERTO

Conta-se que um velho índio falou ao seu neto sobre o combate que ocorre dentro das pessoas:

- Há uma batalha entre dois lobos que vivem dentro de todos nós. Um é mau: são os nossos defeitos. Raiva, inveja, ciúme etc. O outro é bom: são as nossas virtudes. A bondade, a abnegação, a gratidão...

O neto pensou nessa luta e perguntou ao avô:

- Qual lobo vence?

E o velho índio respondeu:

- Aquele que você alimenta.

E qual lobo nós estamos alimentando mais hoje em dia?

CAPÍTULO 28

OUÇA A CONSCIÊNCIA

Para avaliar qual é o caminho certo e qual é o caminho errado, escutemos a nossa consciência. Na questão 621 de *O Livro dos Espíritos*, Kardec pergunta: *Onde está escrita a lei de Deus?*

E a resposta: *Na consciência.*

Ou seja, deveríamos aproveitar e ouvir mais a nossa consciência. Lembra de quando abordamos, capítulos atrás, a forma de como agimos impulsivamente sem pensar? Está aí mais uma vantagem em se pensar antes de agir: ouvir a voz da consciência e então escolher o melhor a fazer.

Vamos supor que o caixa do mercado me deu um real a mais de troco e eu percebo. Bem antes de passar pela porta, o que a minha consciência me dirá? Aliás, o que ela gritará para mim? Ela apontará minha deformidade moral – desonestidade! – e apontará o melhor caminho a ser seguido: voltar e devolver o dinheiro.

O problema é que nós somos danados e anestesiamos a nossa consciência. Como não queremos devolver o dinheiro, inventamos uma justificativa para respaldar nosso ato equivocado. A pessoa com consciência anestesiada pensa: "Ah, o Governo já rouba milhões, estou apenas recuperando uma parte do que é meu. Não vou devolver... Problema do caixa, que não sabe contar."

A pessoa com consciência anestesiada dificilmente admitirá que está errada, e é capaz de até discutir com os outros, defendendo seu ato a todo custo. A consciência anestesiada *libera* a pessoa para seguir pelo caminho errado. Repare que colocamos a palavra *libera* em destaque. Com consciência anestesiada ou não, estaremos semeando, sendo que a colheita é obrigatória.

Paremos de anestesiar nossa consciência. O que é certo é certo e o que é errado é errado. Se estamos acertando, ouçamos a aprovação da nossa consciência e continuemos. Se estamos errando, ouçamos a reprovação da nossa consciência e corrijamos a rota.

CAPÍTULO 29

OUÇA O ANJO GUARDIÃO

Para nos auxiliar nesse nosso processo de evolução, Deus envia espíritos para nos instruir e orientar, o chamado anjo guardião[12], que, muitas vezes, são afeições muito caras ao nosso coração. Isso é algo extremamente consolador! Ao mesmo tempo que Deus nos deu o livre-arbítrio para fazermos as nossas semeaduras, permite que espíritos mais adiantados fiquem próximos a nós, para orientar uma boa semeadura.

São Luís e Santo Agostinho, na resposta da questão 495 de *O Livro dos Espíritos,* dizem:

> Ah! se conhecêsseis bem esta verdade! Quanto vos ajudaria nos momentos de crise! (...) Oh! Interrogai os vossos anjos guardiães; estabelecei entre eles e vós essa terna intimidade que reina entre os melhores amigos. (...) Cada anjo de guarda tem o

12 O anjo guardião, ou espírito protetor, em geral é um espírito de elevação moral igual ou superior à do seu tutelado. Mas não está à nossa disposição o tempo todo, qual fosse um mordomo, esperando que solicitemos seu concurso. Também tem tarefas a cumprir para o seu próprio aperfeiçoamento e, se nós desprezamos sua ajuda e seus bons conselhos, ele se afasta, porque respeitará nosso livre-arbítrio. Mas estará sempre atento e pronto ao nosso chamado. **Nota do Revisor.**

> seu protegido, pelo qual vela, como o pai pelo filho. Alegra-se, quando o vê no bom caminho; sofre, quando despreza os seus conselhos. (...) Não receeis fatigar-nos com as vossas perguntas. Ao contrário, procurai estar sempre em relação conosco. Sereis assim mais fortes e mais felizes.

Deveríamos aproveitar o concurso de nosso anjo guardião muito mais intensamente. Precisamos dar serviço para eles, no bom sentido. Damos serviço quando lhes ouvimos os conselhos. Infelizmente, na maioria das vezes, não fazemos isso.

Kardec pergunta na questão 495 de *O Livro dos Espíritos*:

> Poderá dar-se que o Espírito protetor abandone o seu protegido, por se lhe mostrar este rebelde aos conselhos?

E a resposta:

> Afasta-se, quando vê que seus conselhos são inúteis e que mais forte é, no seu protegido, a decisão de submeter-se à influência dos espíritos inferiores. Mas não o abandona completamente e sempre se faz ouvir. É então o homem quem tapa os ouvidos. O protetor volta desde que este o chame.

E se os chamarmos, eles vêm faceiros, pois, quando somos nós que apelamos ao nosso anjo guardião, aumenta a chance de o protegido seguir seus conselhos.

ENTENDENDO OS ANJOS GUARDIÕES

Na classificação geral dos espíritos, segundo o seu estágio evolutivo, Kardec estabeleceu três grandes ordens: espíritos puros, espíritos bons e espíritos imperfeitos.

Os espíritos puros não têm mais nenhuma influência da matéria e não necessitam mais reencarnar em corpos perecíveis. Percebam que interessante: já que não é mais influenciado pela matéria, não precisa reencarnar. Ou seja, nós reencarnamos na matéria para pararmos de ser afetados pela matéria[13].

Nos espíritos bons predomina o lado espiritual sobre o material. Ainda não estão completamente desmaterializados, pois, se estivessem, já seriam perfeitos. Ainda precisam passar por provas, até que atinjam a perfeição. Estando desencarnados, *suscitam bons pensamentos, desviam os homens da senda do mal, protegem na vida os que se lhes mostram dignos de proteção e neutralizam a influência dos espíritos imperfeitos sobre aqueles a quem não é grato sofrê-la.*

E quando encarnados *são bondosos e benevolentes com os seus semelhantes. Não os movem o orgulho, nem o egoísmo, ou a ambição. Não experimentam ódio, rancor, inveja ou ciúme e fazem o bem pelo bem* (trechos retirados da resposta à questão 107 de *O Livro dos Espíritos*).

Nos espíritos imperfeitos a matéria predomina sobre o lado espiritual. Existe a propensão para a ignorância, orgulho, egoísmo e todas as paixões consequentes (resposta à questão 101 de *O Livro dos Espíritos*).

---

13 Extraído das respostas às questões 112 e 113 de *O Livro dos Espíritos.*

E nós: estamos mais para puros, bons ou imperfeitos?

Estamos aqui para quê? Para deixarmos de ser imperfeitos e nos tornarmos bons. E, um dia, tornarmo-nos espíritos puros.

E hoje, nós que somos espíritos imperfeitos, com muitas tendências ao mal, temos ligados a nós um anjo guardião: um espírito talvez também ainda imperfeito, mas que certamente já angariou uma parcela de luz maior do que nós, ou mesmo que esteja já na classe dos espíritos bons. É ele que nos orienta pelo bom caminho. Precisamos urgentemente dar ouvidos a ele, para facilitar a nossa evolução.

Além do anjo da guarda, temos espíritos mais afins conosco, como amigos e familiares que já desencarnaram, que procuram nos orientar em nosso dia a dia. Qual é a diferença dos conselhos do nosso anjo da guarda para os conselhos desses espíritos amigos e familiares, talvez imperfeitos como nós?

Ambos podem ser positivos, mas os conselhos do anjo guardião são sempre positivos e não têm nenhum interesse envolvido. Os conselhos dos amigos e familiares desencarnados podem ser bons ou não, e também podem ter interesse e vínculo das paixões envolvidas.

DURANTE O SONO

Outro modo de estar mais próximo do nosso anjo guardião é através ou durante o sono. Nesses encontros, durante o estado de emancipação da alma, podemos solicitar que nos leve a lugares onde possamos absorver bons ensinamentos. Se dormimos oito horas por noite, passamos um terço do dia livres da matéria; isso significa que passamos um terço da existência desprendidos do corpo físico. Com o auxílio do anjo guardião, esse tempo todo poderia ser mais bem aproveitado.

CONCLUSÃO

Estamos aqui para quê?

Estamos aqui para cumprir com o nosso propósito de evolução. Que saiamos dessa encarnação muito melhores do que quando nela adentramos.

Estamos aqui para aumentar nosso espectro de visão, retirando os antolhos que limitam a visão e nos mantêm na ilusão. Precisamos colocar mais realidade em nossa vida.

Estamos aqui para parar de agir por instinto e começar a pensar antes de agir. Fazendo isso, não teríamos muitos dos problemas que temos hoje.

Estamos aqui para parar de viver no piloto automático. Essa condição nos deixa como um zumbi, que acerta e não percebe que acertou, e que erra e não percebe que errou. O piloto automático prejudica o autoconhecimento e, consequentemente, prejudica nosso progresso.

Estamos aqui para assumir nossa responsabilidade. Chega de dizer que somos infelizes por causa dos outros. Os outros só nos ferem quando permitimos.

Chega de nos comportarmos conforme os outros se comportam conosco. Isso é ser reativo. A pessoa reativa constrói sua vida em torno do comportamento dos outros, anuindo que as fraquezas alheias a controlem.

Assumamos a nossa responsabilidade pelo nosso comportamento, pela nossa felicidade e pelo nosso progresso. Ficar terceirizando comportamento, felicidade e progresso é coisa de gente acomodada e preguiçosa.

Estamos aqui para sermos a mudança que queremos ver no mundo. Façamos a nossa parte.

"Cada segundo é tempo para mudar tudo para sempre". É com essa frase de Charles Chaplin que encerro este livro.

CONHEÇA TAMBÉM

Além do aborto

Ângelo Dias | Carlos Henrique (espírito)

Romance mediúnico • 14x21 cm • 288 pp.

Temos em *Além do aborto* três lindas e comoventes histórias de três personagens femininas que se interligam através dos tempos pela lei da reencarnação.

Das coisas que ouvi e senti de Jesus

Ana Paula Vecchi | Natanael (espírito)

Romance mediúnico • 14x21 • 200 pp.

Trago, cá comigo, algumas poucas recordações que divido com você, meu irmão, para que juntos, ao recordar o divino Rabi da Galileia, nossas almas possam voar, ainda que brevemente, nos tempos idos de Genezaré.

(Natanael)

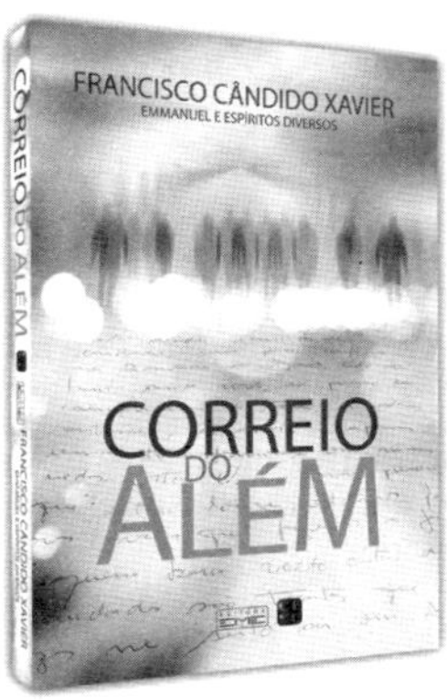

Correio do além

Francisco Cândido Xavier | Emmanuel e espíritos diversos

Cartas psicografadas • 14x21 • 208 pp.

Correio do além traz depoimentos de espíritos que, ao se despojarem da veste física, se surpreendem mais vivos do que nunca e sentem a necessidade de expressar seu amor e contar suas experiências no verdadeiro domicílio – a vida espiritual – amenizando a saudade que ficou naqueles que permaneceram na Terra.

CONHEÇA TAMBÉM

Confia e segue

César Crispiniano • Blandina (espírito)

Mensagens mediúnicas • 10x14 cm • 144 pp.

Confia e segue é um livro composto de mensagens simples e diretas com a finalidade de impactar nossa vida e nossas atitudes.

São textos que certamente irão tocar seu coração, ideais para leitura diária: você escolhe um texto e ele certamente servirá para boas reflexões ao longo do seu dia.

Histórias reais e reflexões

Waldenir Aparecido Cuin

Relatos • 14x21 cm • 216 pp.

O autor reúne histórias verdadeiras vivenciadas por ele, em suas experiências de vida, no centro espírita que frequenta, nos trabalhos de atendimento fraterno aos espíritos, na creche onde participou como trabalhador voluntário e até na vida cotidiana para, assim, trazer à tona ensinamentos significativos através de uma leitura leve e prazerosa.

Afinal, por que adoecemos?

Ricardo Sallum

Autoajuda • 14x21 cm • 144 pp.

De forma envolvente, Ricardo Sallum vai respondendo às seguintes questões, sem ditar normas ou regras: será que as doenças são "castigos divinos"? Quantas enfermidades não passam de estados vibratórios da mente em desequilíbrio? Será que a dor é ainda um mal necessário?

CONHEÇA TAMBÉM

Memórias do padre Germano
Amália Domingo Sóler (organizadora)
Romance mediúnico • 15,5x22,5 cm • 368 pp.

Inspirador e comovente, *Memórias do padre Germano* é o inestimável diário de um sacerdote que soube honrar sua missão na Terra, servindo, em nome de Deus, a todos aqueles que cruzaram seu caminho.

Às portas da regeneração
Juliano P. Fagundes
Estudo • 15x22,5 cm • 272 páginas

Os assuntos sobre o nosso futuro apresentados neste livro falam de possibilidades, já que a humanidade ainda tem diversos problemas a resolver. O que significa que ainda podemos todos ser parte da solução.

O cristianismo nos romances de Emmanuel
Donizete Pinheiro
Estudo • 15,5x22,5 cm • 320 pp.

Donizete Pinheiro reúne as informações de Emmanuel colhidas na espiritualidade e acrescidas de suas próprias experiências narradas em seus romances históricos, permitindo uma ampla compreensão das origens do cristianismo, bem como as lutas dos cristãos primitivos que garantiram a subsistência da Boa Nova até a chegada do espiritismo.

CONHEÇA TAMBÉM

Getúlio Vargas em dois mundos

Wanda A. Canutti • Eça de Queirós (espírito)

Romance mediúnico • 16x22,5 cm • 344 pp.

Getúlio Vargas realmente suicidou-se? Como foi sua recepção no mundo espiritual? Qual o conteúdo da nova carta à nação, escrita após sua desencarnação? Saiba as respostas para estas e outras perguntas, agora em uma nova edição, com nova capa, novo formato e novo projeto gráfico.

A vingança do judeu

Vera Kryzhanovskaia • J. W. Rochester (espírito)

Romance mediúnico • 16x22,5 cm • 424 pp.

O clássico romance de Rochester agora pela EME, com nova tradução, retrata em cativante história de amor e ódio, os terríveis fatos causados pelos preconceitos de raça, classe social e fortuna e mostra ao leitor a influência benéfica exercida pelo espiritismo sobre a sociedade.

O Evangelho de Maria Madalena

José Lázaro Boberg

Estudo • 14x21 cm • 256 pp.

Neste livro, José Lázaro Boberg busca reconstruir a verdade sobre Maria Madalena, uma das personagens femininas mais fortes da literatura antiga e que está presente nas reflexões espíritas. O que dizem os outros evangelhos? Ela foi esposa de Jesus? Foi prostituta? Foi a verdadeira fundadora do cristianismo?
